医学健身与桩跑实践

郝跃峰 著

苏州大学出版社

图书在版编目（CIP）数据

医学健身与桩跑实践/郝跃峰著.—苏州：苏州大学出版社，2021.7
ISBN 978-7-5672-3585-4

Ⅰ.①医… Ⅱ.①郝… Ⅲ.①跑-健身运动-研究 Ⅳ.①G822

中国版本图书馆 CIP 数据核字（2021）第 102682 号

YIXUE JIANSHEN YU ZHUANGPAO SHIJIAN
医学健身与桩跑实践
郝跃峰 著
责任编辑 冯 云
助理编辑 杨 冉

苏州大学出版社出版发行
（地址：苏州市十梓街 1 号 邮编：215006）
苏州市深广印刷有限公司印装
（地址：苏州市高新区浒关工业园青花路 6 号 2 号厂房 邮编：215151）

开本 700 mm×1 000 mm 1/16 印张 13.25 字数 179 千
2021 年 7 月第 1 版 2021 年 7 月第 1 次印刷
ISBN 978-7-5672-3585-4 定价：48.00 元

若有印装错误，本社负责调换
苏州大学出版社营销部 电话：0512-67481020
苏州大学出版社网址 http://www.sudapress.com
苏州大学出版社邮箱 sdcbs@suda.edu.cn

推 荐 语

郝跃峰教授在本书中将临床运动医学与运动处方融为一体，总结了一套行之有效的健身方法，这些方法体现了运动科学的基本理念，简单实用，具有良好的可操作性，是体医融合模式的尝试和体现，值得应用和推广。

——北京体育大学运动处方研究中心主任　王正珍

运动促进健康是当下热议的话题，体育已成为现代预防医学中重要的组成部分，郝跃峰教授是这一领域的领跑者。他从理论到实践，探索出中西结合的运动手段，以及治疗与康复的新模式。该书展现了全新的理念、技术、方法，为广大民众带来了福音，值得推荐。

——江苏体育健康产业研究院执行院长，国务院学位委员会第五、六届学科评议组成员　王家宏

预防是经济、有效的健康策略。科普宣传、健康教育是保护群众不生病、少生病的关键手段之一。《健康中国行动（2019—2030年）》提出了2030年全国居民健康素养水平不低于30%的中期目标。这就需要我们的科学家、医务工作者走出"阁楼"，成为贴近群众生活的"健康科普师"。

本书作者在30多年的临床工作中总结了"预防优先，快乐运动"的健康法则，相信在裨益读者的同时，也能够引导更多的有识之士投身到医疗科普工作中来。

——南京医科大学全国著名心血管疾病专家　孔祥清

这是一本非常值得一读的科普好书，全书文字优美、实

例生动、感悟深刻，多次引起我的共鸣与赞叹！作者是骨科专家，也是运动医学专家和体育运动的受益者，所写之书生动形象、科学性强。追求健康与生命质量是我们每个人最重要的目标之一，生命健康高于一切。保持健康通常有三大方式，一是被动治疗的方式，主要使用包括药物、手术和放射治疗等现代医学的手段；二是主动维持健康的方式，通过科学运动锻炼促进健康，有病治病，无病防病；三是通过各种保健品或心理调节的方式，平衡静养，颐养天年。现代医学并不完善，该书作者通过主动维持健康的方式，结合自己的丰富经验，传播医学健身的方法，促使读者增强"健康中国"的理念，实在难能可贵！

——复旦大学运动医学中心主任，中华医学会运动医疗分会主任委员　陈世益

作者是有着30多年临床经验的医生，从重视治疗到关注预防是其成长为一名好医生的必经之路。"上医治未病"，做好精准的预防是医生守护人民健康的重要立足点，在全民健身运动普及的当下，运动康复是预防损伤、为全面健康保驾护航的有效手段。郝跃峰医生把个性化的运动处方展现给大家，获得了社会的广泛认可。本书既有临床案例分享，又有健身教程，值得健身爱好者和运动损伤者阅读。

——山东大学齐鲁医院康复中心主任，中华医学会物理医学与康复学分会第十一届主任委员　岳寿伟

郝跃峰教授是我敬仰的一位好医生，他不仅医术精湛、医德高尚，而且对科学运动理论保持不懈的追求，对正确锻炼方法进行了有效的探究。郝跃峰教授将运动健身、运动医学、运动康复提升到了全新的境界。读完此书，理解了作者

的意图,懂得了书中的道理,我们距离"智者不惑、仁者不忧、勇者不惧"的境界已然不远了。生命不息,行者无疆,让我们从郝跃峰教授的著述中汲取生命的智慧吧!

——苏州大学党委常委、总会计师,《掼蛋技巧与文化》作者 周高

后疫情时代,我们比以往更加关注个体健康。医者,总能渡人于美好。郝跃峰教授以其可贵的仁心,结合30多年的临床经验和对运动医学的深入研究,通过专业且温润的表达,为我们提供了获取医学新知、科学健身的有效渠道。防胜于治。这本书无疑是后疫情时代的适时之作。阅读本书可以消除我们身体上和精神上的迷障,庇护生命健康,为幸福加持!

——国企高管,健身与文学爱好者 庞立群

浏览了全书,我感受到郝跃峰教授在运动医学与健康领域的细心耕耘和积极创新,其精神着实难能可贵,值得业界学习和借鉴。

——江苏省医学会秘书长 胡寅

没有全民健康,就没有全面小康。随着社会经济的不断发展,国民运动健康意识更加强化,推动着大众运动健身理念与实践的快速发展。目前,越来越多的人意识到运动医学的重要性,运动已经逐步成为人们增强体质、缓解压力、交流沟通、修身养性的重要方式。运动健康医学作为一门新兴学科,结合了传统的骨科医学与运动科学,使人们可以深入了解人体系统在运动状态下的健康与伤病。那么,如何通过健康医学来优化身体素质?如何评估、管理、预防和治疗运动带来的损伤?如何通过体育锻炼加速伤病后的功能恢复、

防治运动不足？等等。这些问题也逐渐成为运动健康医学研究中的重要课题。为此，江苏省中西医结合学会在全国率先成立了运动医学专业委员会，郝跃峰教授作为首任主任委员，多年来为运动医学的发展做出了积极的贡献，取得了不凡的成绩。本书的出版，为新时代科学健身提供了实践范本。

——江苏省中医药发展研究中心主任，《江苏中医药》主编，江苏省中西医结合学会副会长兼秘书长　黄亚博

有幸先睹郝跃峰教授的《医学健身与桩跑实践》书稿，作为在跑步运动中身心获益的我，犹如上了一堂健康大课，内容科学精准而又宏观有力，形象易懂而又具备深度与广度，实践性、可操作性强。更可贵的是，该书在教授运动健康知识的同时，传达的是真正医者对生命的敬畏之情、对生命事业的拳拳之心，且为大众健康意识的觉醒默默耕耘、践行，是一部实用易懂的健康工具书，亦是一本饱含坚定的健康信念的优质读物。

——健身爱好者，资深景观照明艺术家，苏州环古城河健身步道、平江路、山塘街、金鸡湖李公堤等景区夜景照明主要设计者　常晓杰

太极拳与桩跑实践，有异曲同工之妙，都提倡绿色健康。通过科学有序的练习不仅能改善心肺功能，还能提高免疫力。我们应当运用科学理念，采取适合自己的锻炼方式，建立良好的生活方式，快乐运动，享受运动。快乐桩跑，享受太极，循序渐进，持之以恒，功到自然成。

——中国杨氏太极拳第五代传人，中国太极拳最具影响力人物　崔仲三

这样的书，每个家庭都应该有一本。人人都知道健康离不开运动，郝跃峰教授告诉大家如何科学运动、适量运动、快乐运动。

——吴文化讲师，著名阅读推广人　梁淮山

这本书是郝跃峰在医学实践的基础上结合多年来的健身体会，从临床医生的视角，以运动处方的形式将自己桩跑健身的经验传授给运动健身与需要运动医疗的人。该书是在实践、理论、再实践的过程中形成的，具有很好的科教健身指导作用和健康促进作用。

——北京大学运动医学研究所所长，中华医学会运动医疗分会第三届主任委员　敖英芳

科学健身，既是主动健康的重要内容，也是规避疾病风险的重要手段。作为医者的郝跃峰教授从健身者的角度，体验、总结、推广科学健身经验，倡导坚持主动运动理念，值得为业界推崇。

——苏州市医学会会长，苏州市卫生健康委员会原主任　谭伟良

你想快乐吗？运动吧！你想高兴吗？运动吧！你想强健吗？运动吧！

《医学健身与桩跑实践》帮助我们更快、更高、更强、更健康！

——江苏省体育局副局长　熊伟

前　言　我的运动医学追求

做了30多年的医生，我对医学、疾病和病人的认识一直在与时俱进，在变化中逐渐深入。初入行时，我曾期望把所有病人治好，觉得手术技术好的医生很了不起。后来，我才发现再好的技术也治不好所有的疾病，比如很多无法避免的并发症。于是，我便觉得医生有时很无助，面对疾病其实还有很多未知数；在追求以更好的技术服务病人的过程中，我感受到，随着科学技术的突飞猛进，现代医学不断发展，诊断和治疗技术水平不断提升，新药和新材料应用更加广泛，极大地推进了临床医疗水平的提升。但同时，我也发现疾病的种类越来越多，病人的数量也越来越多。我不断提醒自己，疾病的预防胜于治疗，主动保持健康更重要。运动医学既把保持和增强运动能力作为目标，又把运动作为手段防病治病。于是，我对运动医学产生了浓厚的兴趣，并为之付出了诸多努力。

经过对运动医学现状和历史的研究，我提出了运动医学八大理念，即"功能至上、预防优先、整体观念、全程管理、快速康复、运动处方、无创微创、道法自然"，以及新时代科学健身八大原则，即"总量控制、感知身体、循序渐进、全面发展、修复疲劳、快乐运动、持之以恒、道法自然"，并积极宣传与实践。其实,从事运动医学先要搞清楚如何让人们终身保持良好的运动习惯和能力,更好地融入社会;然后把人的自然属性和社会属性有机地融为一体。这是运动医学的终极目标。

运动医学统领各临床学科,医生应该做的不仅是针对人们身体上的问题去进行治疗,还应该更多地遵循生命发展的自然规律,遵守人的伦理道德规范,善于帮助人们用运动的方式保持健康状态!

由于撰写时间较为仓促,书中难免有不足之处,敬请各位同人批评指正。

郝跃峰

2020 年 12 月

目 录

一、运动免疫篇 / 001

1. 疫情严峻,运动医学告诉你如何提高免疫力 / 001
2. 都说运动可提高免疫力,为什么精英运动员也会感染新型冠状病毒呢? / 005
3. 从武磊核酸复测转阴再谈免疫力 / 006
4. 从健康角度看球星马拉多纳 / 008
5. 新手户外跑步训练运动处方(8周)/ 010

二、减肥塑形篇 / 016

1. 怎样运动减肥效果最好? / 016
2. 隐性肥胖是健康杀手 / 018
3. 健走和慢跑哪种才是正确的减肥方式? / 019
4. 怎样减腰上的赘肉? / 020
5. 跑步减脂须知 / 022
6. 跑步到底会不会使小腿变粗? / 027

三、腰腿疼篇 / 029

1. 腰椎间盘突出导致腿疼，该怎么办？/ 029
2. 关于腰痛的 10 个谬论和 10 个事实 / 035
3. 腰椎间盘突出的患者如何运动？哪些生活习惯需要注意？/ 039
4. 为什么腰肌劳损后医生还推荐锻炼腰肌？/ 040

四、颈肩痛篇 / 043

1. 晨起醒来肩痛怎么办？/ 043
2. 颈肩痛如何诊治？/ 044

五、脊柱侧弯背痛篇 / 048

1. 脊柱侧弯对身体有什么影响？/ 048
2. 脊柱侧弯性背痛如何改善？/ 050
3. 非脊柱侧弯的高低肩如何改善？/ 052

六、运动损伤篇 / 054

1. 跑步受伤史是长跑者下肢损伤最大危险因素 / 054
2. 你有没有脚踝扭伤后，被石膏固定一个月的经历？/ 055
3. 踝关节扭伤不是小毛病！/ 056
4. 跑步后膝关节疼痛，如何决定能否继续跑？/ 057
5. 跑步后膝关节疼痛怎么办？/ 058
6. 跑步后膝关节疼痛的原因分析 / 060

7. 高山症和失温症是高海拔登山最大的挑战 / 063

8. 儿童创伤性脑损伤 / 064

七、桩跑基本篇 / 073

1. 你会跑步吗？/ 073

2. 桩跑基本姿势 / 074

3. 为什么要桩跑？/ 076

4. 如何含胸拔背？/ 078

5. 站桩必须腹式呼吸吗？/ 080

6. 气沉丹田，丹田在哪里？/ 081

7. 龟息就是静养不动吗？/ 082

8. 桩跑步幅很重要 / 083

9. 跑步机是桩跑训练的有效工具 / 085

八、桩跑进阶篇 / 091

1. 学会桩跑，增强核心肌，防病治病 / 091

2. 腰背一体，稳定中轴 / 092

3. 学会用背阔肌引体向上 / 092

4. 如何训练下背部肌肉？/ 093

5. 深蹲如何训练？/ 096

6. 一个关于核心肌的故事 / 101

7. 提高桩跑质量，提升健身效率 / 103

8. 身体带动腿跑的轻松感觉 / 104

九、坚持桩跑以备不时之需 / 106

1. 养成良好的桩跑习惯健身防病 / 106
2. 桩跑提高平衡能力，避免发生意外 / 109

十、作者跑步拾得 / 111

1. 每天走 10 000 步就算是锻炼了吗？ / 111
2. 谨慎挑战极限 / 112
3. 从脚趾皮肤擦伤体会穿鞋的讲究 / 115
4. 亚洲人健身效果不如欧美人吗？ / 115
5. 晨跑需要注意什么？ / 117
6. 跑步锻炼好还是游泳锻炼好？ / 119
7. 抑郁症和运动行为关系密切 / 122
8. 漫谈补充营养 / 124
9. 运动和喝酸奶都不简单！ / 126
10. 腹泻、感冒后多久可以恢复运动？ / 127

十一、衰老篇 / 129

1. 人体是先从腿开始衰老吗？ / 129
2. 保持多大的运动量合适？ / 133
3. 逆转衰老，保持年轻 / 134
4. 对于老年人的 4 点运动建议 / 137
5. 关于老年人体育运动的共识 / 138
6. 寿命长短取决于运动还是心理？ / 140
7. 谈谈高血压与运动的那些事儿 / 141

8. 运动不当,骨质疏松 / 142

十二、活力篇 / 144

1. 磨刀不误砍柴工 / 144
2. 为什么有些健身人士喜欢倒三角身材？/ 145
3. 什么年龄开始锻炼都不晚 / 146
4. 合理膳食,免疫基石 / 149
5. 男性怎么健身才能更年轻？/ 150
6. 垂直马拉松 / 152
7. 劳动、活动、运动,让生活更美好！/ 153
8. 倡导健康跑步,享受快乐人生 / 157

十三、新时代科学健身八大原则 / 159

1. 总量控制 / 160
2. 感知身体 / 162
3. 循序渐进 / 169
4. 全面发展 / 170
5. 修复疲劳 / 174
6. 快乐运动 / 181
7. 持之以恒 / 183
8. 道法自然 / 187

后　记 / 191

一、运动免疫篇

1. 疫情严峻，运动医学告诉你如何提高免疫力

首先，养成运动习惯才能保持和提高免疫力。

新型冠状病毒（以下简称"新冠病毒"），人群普遍易感。感染并不可怕，免疫力好的人预后通常较好。我们人类的免疫系统一直在和病毒战斗，免疫力强弱直接关系到感染能否好转、人能否彻底战胜病毒。免疫力强的人，比如身体强壮的年轻人，很有可能即使感染也不发病，或者症状较轻，不至于演化为重症肺炎。

每个健康人都有一定的免疫力。免疫力的强弱取决于自身免疫系统的状态。平时免疫力强的人在特殊阶段也会免疫力变弱。如：在集中比赛期间，很多运动员的免疫力就会下降，经常出现发热或腹泻等症状；年轻人的免疫力一般会比老年人的免疫力好；睡眠好的人的免疫力会比睡眠差的人的免疫力好；儿童的免疫系统处于发育完善期，可塑性较强。因此，在没有找到有效杀灭病毒的特效药之前，提高免疫力才是抵御新冠病毒最有效的手段之一。

目前，新冠病毒疫苗已经研制成功，全国已开始大面积接种。新冠病毒疫苗是将新冠病毒经过人工减毒、灭活或利用基因工程等方法制成的自动免疫制剂。该疫苗保留了新冠

病毒刺激人体免疫系统的特性。当我们接种以后机体便会产生一定的保护物质，比如抗体；该疫苗一般接种两次，间隔两到四周。当人体产生了有针对性的免疫物质并再次接触新冠病毒时，免疫系统便会依循其原有的记忆，产生更多的保护物质来阻止病毒的伤害。但是，每个人对疫苗的反应是不同的，病毒也会发生变异，归根结底，还是要提高自身免疫力。即使人体接种了疫苗，也要戴口罩、勤洗手、多通风、保持安全距离，养成健康的生活方式。

免疫力弱的人可以通过体育运动和建立良好生活方式来慢慢提高免疫力。但是需要时间，也需要坚持。一般而言，按照科学的健身标准，如果人们锻炼3个月，就会感觉到身体状况明显改善，但必须持之以恒以保持状态。

科学的健身标准是，成年人一般每周运动3~5次，每次持续30~50 min，并且需要在中等强度下完成。中等强度运动指运动时人的心率保持在170减去年龄的水平。运动项目首选跑步，可适当配合力量训练。但值得注意的是，疫情面前，谨慎加量！

其次，运动适量，避免过度运动降低免疫力。

通过高强度突击锻炼预防病毒感染会适得其反。运动给人们带来益处，主要是通过运动刺激，激发人体的修复能力，使人们拥有更强的免疫系统。这里的刺激与修复功能需协调进行，循序渐进地提升。一旦刺激过量会导致修复不足，长期修复不足又会使人产生疲劳感，降低免疫力。突击高强度运动会给机体造成巨大刺激，需要消耗更多能源物质。有研究表明，高强度运动会引起能源耗竭和免疫系统抑制现象。剧烈运动后，以三磷酸腺苷（adenosine triphosphate，ATP）为代表的能源物质骤减，除了让人感觉疲劳以外，还会让抗体细胞出现短暂"疲乏",让身体机能处于低谷。长时间的耐力和肌肉力量训练会短期抑制免疫系统,极易使对抗呼吸道感染的第一道防线免疫球蛋白A(immunoglobulin A,IgA)被抑制,致使病毒乘虚而入,并快速扩散,形成感染而使人发病。

运动免疫学领域几十年的研究表明,免疫系统对急性和慢性运动训练高度敏感。适度的运动可以增强免疫监视功能,长时间有规律的运动对调节身体健康有益。2010年之前的大多数研究都着眼于一些与免疫功能相关的目标结果。在过去的10年间,技术的进步为运动免疫学应用多组学和系统生物学方法创造了机会。高分辨率下分析细胞表观遗传学、代谢和蛋白表达变化的新兴组学技术可能对研究这些变化背后的机制具有关键作用。相关文献也表明,肠道微生物群的组成和多样性会受到运动的影响,该理论已被用于改善人类健康。运动引起的免疫功能提升可能在对抗免疫性衰老和慢性病进展中也发挥着重要的作用。① 每次运动都能促进关键免疫细胞的循环,随着有规律的运动训练和一定的运动时间的积累,免疫系统可以通过多种机制调节肌体的抗炎反应及抗氧化水平。

因此,在特殊时期健身更不简单。除了坚持适量运动,还要注意如果身体出现发热等症状,不管是否感染新冠病毒,都应当静卧修养,加强营养,保证睡眠,放松心情,保持较好的免疫状态,而不是继续强化锻炼。这时如果再通过运动提高免疫力,抵抗病毒则适得其反。对于没有感染病毒的健康人,如果平时有运动习惯,可以继续坚持;如果没有运动

---

① Nieman,D. C.,Pence,B. D. Exercise immunology:Future directions[J]. *Journal of Sport and Health Science*,2020,9(5):432-445.

习惯，就必须重视起来，努力培养这种习惯。

最后，唱歌、做家务是良好的居家运动。

居家隔离，让心情好好放个假。通过唱歌、做家务等方式减轻压力，降低心理应激反应程度，可以提高免疫力。唱歌是一项很好的有氧运动，通过核心肌群的协调训练能有效提高肺活量。世界各国研究机构曾经公布了20种长寿方法，其中之一就是唱歌。美国老年学研究中心通过调查发现，歌唱家的心肺功能比普通人的要强，歌唱家的平均寿命约为80岁。这就表明唱歌能使人长寿，而易焦虑、体能弱的人群更加适合练习唱歌。世界卫生组织2019年4月发布的《5岁以下儿童的身体活动、久坐行为和睡眠指南》也提到，作为更积极的活动方式，唱歌、阅读、讲故事对儿童的发育非常重要。但是唱歌也要注意仪态，应该采用站立姿势。尽量避免长时间半躺在床上或沙发上，如果半躺着练歌，人的心肺锻炼效果肯定会大打折扣。

加拿大麦克马斯特大学研究了17个国家的13万人后发现，每周做5次家务，每次半小时，可以达到健身效果，甚至可以使死亡率降低28%。做家务要注意劳逸结合，采用正确的姿势。没有伤身的家务活，只有伤身的坏姿势。比如洗碗、洗衣服时水池位置比较低，许多人会弯腰驼背，洗完后腰部僵直、疼痛。这是因为长时间不良的姿势影响了腰椎生理曲度和肌肉力量平衡，长此以往会诱发腰椎间盘突出或腰肌劳损等疾病。所以，在这种情况下，人需要保持背部挺直、脊椎伸展的身形，稍微弯曲髋、膝关节，并且每隔一段时间活动一下身体。此外，在搬重物时，切勿直接弯下腰搬起，人应先蹲下身，挺直背部，拿好重物，用腿部力量直立起来，做到"弯腿不弯腰"。

一、运动免疫篇

希望通过居家运动保持健康状态的健身爱好者可以做一些徒手或简单的器械训练，诸如跳绳、弹力带训练等；也可以通过打太极拳或站桩调息静心。笔者不推荐赤足跑步，这种跑法只适合少数人。跑步机也是很好的家用健身器材，但如果人长时间不使用跑步机，需要先为它加点油，观察一下它能否继续使用。所以，健身爱好者刚开始使用跑步机时一定要记住以快走为主，不要超过 6 km/h 的速度，快走一星期后再开始跑步。有跑友担心使用室内器械的力量训练代替跑步会导致耐力下降。其实一般来说，只要你坚持运动，短时间内耐力不会下降，而且健身本身需要交叉训练，合理组合各种不同类型的运动效果更佳，单一的跑步运动反而影响健身效果。因此，对于许多跑步者而言，把自己欠缺的力量素质加以补充，或者针对伤痛做一些康复训练，也是不错的选择。这样不仅不会使耐力下降，恰恰相反，还可以帮助跑步者提升耐力水平。

2. 都说运动可提高免疫力，为什么精英运动员也会感染新型冠状病毒呢？

从意甲到西甲、NBA、巴甲，再到英超，都有明星运动员感染新冠病毒，球星武磊也没能幸免。但是目前没有证据表明与普通人相比运动员更容易感染新冠病毒。对于新冠病毒，无论是普通人还是运动员，人人都缺乏特异性免疫，都是易感人群。此外，感染概率的大小，还与病毒的接触量有一定关系。

有些人尽管热爱运动，也做了有氧运动和力量健身，还通过各种视频学习居家运动，乐此不疲，但是如果不掌握原则，不理解原理，是不会在运动中获益的。

免疫力是我们与生俱来的防御疾病的能力，主要表现在三个方面：一是识别和消灭入侵人体的病毒、细菌等外来异物；二是吞噬或清除机体内衰老、损伤、死亡、变性的细胞；三是识别和处理体内突变细胞，比如各种癌细胞和被病毒感染的细胞。免疫力可分为先天性免疫力和后天获得性免疫力。机体免疫功能在 30 岁左右就开始减退，这种变化是悄然、缓慢、持续进行的。从表现和种类来说，运动员和普通人一样，但是由于运动员经常接受比普通人更多、更强的包括运动在内的各种刺激，免疫调节能力更强。一般来说，在疾病面前，经常运动的人抵抗力比普通人的更强。

3. 从武磊核酸复测转阴再谈免疫力

武磊是我国著名的足球运动员。2006 年 9 月 2 日，在中国足球乙级联赛第十三轮比赛中，年仅 14 岁的武磊创造了中国职业足球联赛最年轻出场球员的纪录。2018 赛季，武磊以 89 球独霸中国超级历史射手王，入选 2018 福布斯中国 30 位 30 岁以下精英榜，同期创造了中国超级职业联赛历史上国内球员单赛季进球纪录。2019 年 1 月，武磊正式加盟西班牙足球甲级联赛（以下简称"西甲"）西班牙人足球俱乐部，3 月 1 日，武磊打进了西甲生涯首球，同时也是中国球员在西甲赛场上的首球。2020 年 1 月 5 日，在西甲的"加泰罗尼亚德比"中，西班牙人主场以 2 比 2 逼平巴塞罗那。武磊在 74

分钟替补出场,打进了绝平进球,成为西甲91年历史上首位攻破巴萨球门的中国球员。

武磊身体素质好,极具足球天赋,可是在新冠病毒肆虐的流行季,他也没能幸免。2020年3月15日他出现发热症状,16日他的症状进一步加重,发热伴头痛,核酸检测结果为阳性。17日他去医院输液一次,18日症状完全消失。为了确诊,19日他又去医院做了肺部CT[①]检查,影像报告未见异常,两周后核酸复测转阴。

精英运动员为什么也会感染新冠病毒?因为他们的免疫系统不是铜墙铁壁,如果训练过度,比赛密集,免疫力就会下降。人的免疫力是不断变化的,时好时差,有"开窗"期。另外,病毒量的因素也很重要。如果毒量太多,则难以抵抗。处于狭小式密闭空间,病人咳嗽排出的病毒足以感染一个人;而身处空旷场所、保持安全距离,人一般是不会感染的。

运动员们经常进行高强度训练,接受比普通人更多的运动刺激,身体免疫力比普通人的强,这是经过科学证明的事实。所以,大众才要通过运动来强身健体。这次武磊快速恢复也表明身体素质很重要!事实上,在新冠病毒肺炎疫情中很多感染者都恢复了健康,重症、死亡病例是少数,维持在3%以内,而且90%是伴有合并慢性病的高龄患者。

如果感染新冠病毒,有三点值得注意:一是要休息好,要保证睡眠质量;二是要营养好,均衡饮食很重要;三是要心情好,过分紧张反受其害。当然如果感觉呼吸困难,则须及时就医,不能拖延!

---

① computer tomography,又称计算机断层扫描术。

4. 从健康角度看球星马拉多纳

马拉多纳出生于阿根廷布宜诺斯艾利斯，是阿根廷著名的足球运动员、教练员，司职中前场。1975年10月，15岁的马拉多纳完成了在阿根廷甲级联赛的处子秀。1986年6月，他率领阿根廷队获得世界杯冠军。1997年10月29日，他正式宣布退役。2008—2010年，马拉多纳出任阿根廷国家队主教练。马拉多纳被誉为20世纪最伟大的足球运动员，他不仅拥有南美球员精准的脚法和极其娴熟的带球技术，大局观也非常出色，在任何一支球队，他都是绝对灵魂，一位极具天赋的足球明星。

然而，不断创造奇迹的马拉多纳就这样陨落了！

据媒体报道，2020年10月30日，马拉多纳刚刚度过自己60岁生日，随即因为健康问题住院治疗，症状包括贫血、脱水等。经过详细检查，医生发现马拉多纳的脑部存在硬膜下血肿，在11月3日，他被送到布宜诺斯艾利斯北部的一家私人医院接受手术，并且住院8天。从当时的照片来看，马拉多纳情况还不错，人们没想到这么快就传来了不幸的消息。

大家不禁要问，身体素质这么好的人竟然在60岁因疾病而终，这到底是怎么回事呢？笔者根据各方媒体的报道厘清头绪，并加以分析。

马拉多纳生活方式极不健康，从20世纪80年代中期起，他就开始吸食可卡因。在他职业生涯巅峰时期的20世纪90年代，他曾因为违反国际足联关于使用违禁药物的规定被禁赛15个月，又因为药物检查不合格被赶出世界杯。1997年退役之后，他曾因心脏问题多次被送往医院。医生认为这与他吸毒有关。

不过，据说马拉多纳后来成功戒掉了毒瘾，但是又开始酗酒。为了控制体重，他曾做过两次胃旁路手术，接受过戒酒治疗，但后来又患上肝炎。2020年1月，马拉多纳做了胃部止血手术；7月，又接受了膝盖手术。

自1997年退役后，马拉多纳曾多次出现健康问题，最严重的一次是2004年因肺部感染引发心脏病紧急住院，一度出现心跳和呼吸骤停。2019年，马拉多纳因健康问题，不得不停止执教参加墨西哥第二级别联赛的多拉多斯队。因为在执教期间，他曾胃部出血不得不入院治疗。

2020年10月27日，马拉多纳的私人保镖感染新冠病毒，马拉多纳因为与其有密切接触而进行了自我隔离。随后的检测表明，马拉多纳并未感染该病毒。

马拉多纳于2020年10月30日年满60岁。他的夫人刚满30岁，小女儿才7岁。生日当天，他还前往自己执教的拉普拉塔体操击剑足球俱乐部主场参加了比赛，但是因为糟糕的身体状况，他只在球场上待了几分钟就离开了。11月3日，马拉多纳被检查出患有硬膜下血肿，起因可能是头部受到了不明物体的撞击，当晚他接受了紧急手术。医生表示，马拉多纳脑部手术非常成功。马拉多纳的私人医生表示，马拉多纳在接受了第一阶段的康复治疗后已于11月11日出院，回到私人住所继续接受治疗。

阿根廷当地时间2020年12月25日中午12点50分，马拉多纳在家中心脏骤停，失去意识。附近的医生第一时间前往进行抢救，最终也没能挽救他的生命。13点02分，马拉多纳因抢救无效离开了人世。

后据阿根廷《号角报》报道，根据尸检，马拉多纳死亡原因是急性心力衰竭并引起肺水肿。

一代球王，骤然离世，令人唏嘘。而他的匆匆离去也警示着我们：纵使体质再好，无节制地消耗，也会落得疾病缠身的下场。

5. 新手户外跑步训练运动处方（8周）

针对新手户外跑步训练者，笔者开了8周的运动处方（表1-1—表1-8）。

表1-1 第一周新手户外跑步训练运动处方

时间	运动处方
周一	出去走走，寻找合适的运动场地，规划能够坚持的跑步时间，慢跑或步行10 min。关于跑步地点，按照对膝盖冲击强度由小到大的顺序依次是：跑步机、塑胶跑道、柏油路、水泥路
周二	慢跑与步行交叉，连续进行20 min，感受跑步给自己带来的不一样的舒适感
周三	上肢力量训练10~15 min。适当做几个俯卧撑或做一套哑铃操，注意不要憋气
周四	慢跑3 min，恢复走1 min。重复5次
周五	休息日。休息不是卧床或静坐，只是不做让心率加快的运动
周六	走路3 min，快走5 min，慢跑2 min，恢复走5 min。重复2次
周日	上肢力量训练10~15 min

注：①慢跑应该是一种中等强度的有氧运动，按心率来讲，应维持在最大心率的60%~80%。跑步一段时间后，很多人慢跑时的心率可能会维持在最大心率的75%~85%，慢跑是为了给心脏一个适应过程。

②适量跑步本身不仅不会损伤膝关节，反而能够增加膝关节的稳定性。关于跑步时间，下午3点至6点为最佳运动时间，因为在此时段体内激素的活性处于良好阶段，身体适应性和神经敏感性也最好。当然，其他时间也可以，比如早晨，早起跑步有利于养成早睡早起的习惯。

表1-2　第二周新手户外跑步训练运动处方

时间	运动处方
周一	走路3 min，快走5 min，慢跑3 min，恢复走5 min。重复2次
周二	休息日
周三	慢跑5 min，恢复走5 min。重复2~3次
周四	上肢力量训练10~15 min
周五	慢跑5 min，恢复走5 min。重复3次。体重过重的人初期要以快走为主
周六	休息日
周日	快走2 min，慢跑4 min，恢复走2 min。重复3次

注：① 跑完步后，可能会感觉浑身酸痛，不过不要有顾虑，一开始跑步感觉身体酸痛是正常的，只要坚持运动，不仅酸痛感会逐步缓解还可助眠。
② 关于呼吸问题，不用太在乎固定节奏，一开始随性跑即可。慢慢找到节奏后，呼吸自然会变得有规律，也能逐渐养成腹式呼吸习惯。

表1-3　第三周新手户外跑步训练运动处方

时间	运动处方
周一	休息日
周二	其他有氧运动。适当做一些其他有氧运动，诸如跳广场舞、做健身操、游泳、骑车等，可以保持对运动的兴趣，全面发展
周三	慢跑7~10 min，恢复走5 min。重复2次
周四	上肢力量训练10~15 min。背阔肌的耐力对跑步尤为重要，可以增加引体向上训练
周五	慢跑8 min，恢复走2 min。重复3次
周六	休息日
周日	慢跑10 min，恢复走3 min。重复2~3次

注：坚持运动两周了，这是一个完美的开始。如果感觉运动时间和工作有冲突，可以适当调整，毕竟半小时并不算长，记住磨刀不误砍柴工，运动会让工作效率更高。

表 1-4　第四周新手户外跑步训练运动处方

时间	运动处方
周一	其他有氧运动
周二	上肢力量训练 10~15 min
周三	匀速慢跑 25 min，恢复走 5 min。跑后会兴奋一段时间，建议睡前 2 h 就不要运动了，有些人晚上跑步会失眠
周四	休息日
周五	匀速慢跑 25 min，恢复走 5 min。如果感到明显疲劳，或坚持不下来，下周就不要增量
周六	上肢力量训练 10~15 min
周日	休息日

注：对于非专业者来说，与平时饮食差不多即可，但要少吃油炸类食品。跑前 1~3 h 可以吃一些容易消化的食物；如果是长跑的话，跑前 10~20 min 可以吃一根香蕉；跑后应及时补充糖分。

表 1-5　第五周新手户外跑步训练运动处方

时间	运动处方
周一	其他有氧运动
周二	匀速慢跑 30 min，恢复走 5 min
周三	休息日
周四	变速慢跑 30 min，恢复走 5 min
周五	上肢力量训练 20~30 min。从今天开始增加了力量训练时间，注意菱形肌、背阔肌和胸大肌训练量要适中
周六	变速慢跑 30 min，恢复走 5 min
周日	休息日

注：① 变速慢跑是慢跑的升级版，运动强度增加了。建议通过增加步频来加速，而不是通过增大步幅来加速。增大步幅会改变跑姿，容易受伤。
② 连续三次 30 min 的跑步是一个了不起的进步，说明你的跑步水平已经步入初级阶段。接下来就要注意跑姿、跑态了。

表1-6　第六周新手户外跑步训练运动处方

时间	运动处方
周一	变速慢跑30 min，恢复走5 min。切记早上不宜空腹运动，这会损伤肌肉，特别是中老年人、糖尿病人尤其要注意这一点
周二	核心力量训练20~30 min。核心力量的提升可以为以后增加步幅、提高耐力做好准备。核心力量训练与上肢力量训练应交替进行
周三	变速慢跑30 min，恢复走5 min。大量运动后马上洗澡可能会导致大脑或心脏供血不足，出现头晕的症状，通常运动后40 min再洗澡较为合适，特别是老年人需要注意这一点
周四	休息日
周五	上肢力量训练20~30 min
周六	长距离慢跑（慢—快—慢），恢复走5 min
周日	休息日

注：① 这是一次阶段性测试。新手能跑多少跑多少，不要追求速度，重在时间。跑前热身，跑时保持良好的跑姿，跑后拉伸是基本程序。

② 跑步中岔气了，应该马上减慢速度，或改为步行，同时用手按压疼痛部位；如果疼痛不剧烈，可举起双手，减速并调节呼吸节奏。如果出现疼痛剧烈的情况，可能是膈肌拉伤，要去医院进行检查。

表1-7　第七周新手户外跑步训练运动处方

时间	运动处方
周一	其他有氧运动
周二	慢跑30 min，恢复走5 min
周三	核心力量训练20~30 min。训练可以有侧重点
周四	变速慢跑40 min，恢复走5 min
周五	休息日
周六	变速慢跑40 min，恢复走5 min
周日	上肢力量训练20~30 min

注：① 一般跑步后感觉疲劳酸痛明显的肌肉部位，就是薄弱部位，对该部位肌肉进行重点训练以后，跑能就会增加。

② 增加步幅需要核心力量的支持。开始时，新手会感到膝关节受到的冲击力明显增加，所以建议在塑胶跑道或跑步机上练习增加步幅。

表1-8 第八周新手户外跑步训练运动处方

时间	运动处方
周一	休息日
周二	其他有氧运动
周三	核心力量训练20~30 min
周四	变速慢跑40 min，恢复走5 min
周五	休息日。适当放松一下，有利于继续规划以后的跑步时间表
周六	变速慢跑40 min，恢复走5 min
周日	上肢力量训练20~30 min

注：①感冒期间免疫力降低，如果新手坚持去跑步的话容易加重病情；轻微感冒可进行适量的运动，一旦出现发热、胸闷、四肢无力的情况，应休息2日。

②女性生理期可以考虑休息2~3日，然后逐步恢复运动。在恢复初期，女性新手快走即可，不必担心因为生理期没有运动会发胖，注意避免剧烈运动。

事实上，我们应该追求的是运动总量，即对普通健康人来说，一周运动3~5次，每次保持30~50 min的中等强度。其实白天运动较好，但也不必拘泥于此，运动重要的是利用

晨跑

好各种时间。如果空闲时间不多，新手可以买台跑步机在家里练习。笔者大部分时间都在跑步机上跑，只是周末休息时才能到户外感受大自然的气息，晨跑通常为 30 min，其中 20 min 为快速跑。很多人喜欢夜跑，其实无论是晨跑还是夜跑，要想提高运动效率，获得更多运动益处，关键是要持之以恒。

完成 8 周训练任务是一个阶段性胜利。这说明你是一位自我管理的行家，拥有坚持不懈的精神。一切成就都是从管理自己的身体开始的。希望你能收获三个月、一年、三年的跑步成果，好好体验人生历练的过程。

二、减肥塑形篇

1. 怎样运动减肥效果最好？

这里先讲几个运动减肥原则。

（1）安全性原则

有人出于减肥目的而运动，却减肥减出病，减肥要了命！所以要先对自己的身体健康状况做一个评估，至少要弄清楚肥胖是生理性的，还是病理性的。如果是病理性肥胖，需要先治疗原发病；然后弄清楚心脏负荷能力，不可过度坚持高强度刺激；最后减肥不能图快。减肥太快会导致身体不适应，出现各种失调表现，诸如内分泌失调、胃肠功能紊乱等。

（2）综合性原则

单靠运动是不可能成功减肥的，人们需要在运动、饮食、睡眠、情绪和规律作息等方面找到平衡。为什么有人越运动反而越胖呢？这是因为运动刺激了皮质醇的分泌，导致人越吃越多，而且皮质醇过高的人还会出现水钠潴留现象。减肥期间不能晚睡。充足、适时、有效的睡眠可以让你的减肥计划事半功倍，养成早睡的习惯可以让你保持体形，但也不能睡懒觉，应该注意劳逸结合。

（3）个性化原则

在减肥方面，有许多成功的案例可以参考，但不可以照单全收。因为减肥的原理可能是一样的，但是方法可以多元化。一是选择自己擅长的、能够坚持的运动项目进行锻炼，这样人能够很快进入状态，避免不必要的运动伤害。二是制订适合自己的减肥计划表。不同的身体状况，减肥进度肯定不一样，重量越大，可能前期进度会越快；重量相对轻一点，则进度就慢一些。大部分减肥的女性其实并不一定超重，只是体形不够优美，这时就需要增肌。在增肌的过程中，脂肪会减少和重新分配，体形会变得越来越漂亮。

（4）持之以恒原则

有人说："我锻炼一周了，怎么一点效果也没有？"其实锻炼一个月也不一定会见效。关键要看一个月中的运动量有没有增加，有没有感到不舒服，有没有养成良好的作息习惯，减餐方案是不是合适。如果这些问题都解决了，接下来肯定会出现你所希望的结果，而且体重也不会反弹。持之以恒的习惯就是这样逐步养成的。减肥先立志，立志需坚持！

综上，我们了解了运动减肥的原则，接下来再来看看如何通过跑步减肥。

新手通过跑步减肥，不能刻意追求距离，也不能追求速度，而要根据自身情况，量力而行，跑步时感觉呼吸顺畅，能够正常保持对话即可。注意跑前要做热身运动，热身运动做得充分，能防止运动损伤；跑后则要注意静态拉伸。

如果一定要设定距离的话，新手可以把跑量控制在 3～5 km。等到身体逐步适应运动强度之后，再适当增加跑步的距离。同时，注意规律饮食，控制摄入量，均衡营养。

跑步是比较健康的减肥方式，即便开始有点难度，只要坚持一段时间，你就会爱上跑步。想要拥有健康的身体，从适当的运动开始。加油吧，朋友！

般而言，男性的内脏脂肪容易堆积，而女性的皮下脂肪容易堆积。因为这类人从体形上看和健康人没任何差异，很容易被忽视，所以这种隐性肥胖是最危险的。

该男性是典型的隐性肥胖者，脂肪相对多、肌肉相对少，特别是腰腹核心力量差，所以会出现腰酸背痛的症状。

隐性肥胖是健康杀手，但隐性肥胖可以通过跑步的方式改善。跑步锻炼"四宜四不宜"：宜长慢不宜短快，宜隔日不宜每日，宜平路不宜坡路，宜白天不宜晚上。

3. 健走和慢跑哪种才是正确的减肥方式？

一位年满49岁、身高176 cm、体重峰值一度达到94 kg的退役军人一直热爱运动。2012年转业后，他长期坚持慢跑和健走，身体还算健壮，但希望自己将体重降到75 kg以内。一开始，他不知道健走和慢跑哪种方式更好，但长期的运动经历让他意识到，长期健走似乎更有效、更稳妥。有人说，鉴于他体重较重、跑步心率容易升高（如163~175次/min），建议他健走，心率可以保持在120次/min左右，这样健走才有效。这种说法可取吗？

笔者认为，可以从三个方面解决他的困惑：一是减肥与减重；二是健走与慢跑；三是运动与减肥。

首先，从减肥与减重方面来看，保持标准体重有利于内脏器官健康。体重主要由骨骼、肌肉、脂肪等部分构成，我们可以通过分析人体成分来判断其各部分比例是否合适。如果脂肪多，肌肉少，特别是内脏脂肪堆积过多，就会被诊断为肥胖；如果脂肪、肌肉比例合适，但肌肉相当发达，体重也会超出标准。前者需要减重，后者可以保持体重。

其次，从健走与慢跑方面来看，健走与慢跑都是有氧运动，且都是安全的运动方式，适合减肥和保持体重。二者的主要区别是姿势不同，但强度可以相同。经常跑步的人，膝关节更稳定，如果出现膝关节疼痛的症状可能是参加了其他形式的运动，诸如球类运动、登山运动等。

最后，从运动与减肥方面来看，只有弄明白运动减肥的原理，才能真正减肥并维持良好的体形。如果不控制饮食，再大的运动量也减不了肥。当人控制饮食以后，体重自然会下降。有人说，自己喝水也会长肉。这是毫无根据的。虽然人通过节食或控制热量摄入可以减重，但新的问题会随之而来，那就是脂肪少了，肌肉少了，人也一天天没有精神了。因此，若想运动减肥，就要在减脂的同时尽量不减肌肉，这才是正确的减肥之道。

需要注意的是，千万不要指望一蹴而就，而要循序渐进。一般来说，人平均每个月减 1 kg 就已经很好了，贵在坚持！笔者坚持隔日慢跑 3~5 km，至今已经坚持七年了，体重上下波动不超过 1 kg。如果你们理解了运动减肥的原理，就不会再为是健走好还是慢跑好而困扰了。

4. 怎样减腰上的赘肉？

大多数女性都会为腰两侧的赘肉而苦恼。当女性腰两侧的赘肉堆积得太多时，还会被人戏称为"游泳圈"。这时候，女性的体重基数也会偏大，腰两侧的赘肉会叠层、下坠，影响美感。而体重基数较小的女性，如果腰两侧的赘肉较为明显时，整个人也会显得比较臃肿。当女性长期大量进食，加之工作、学习时久坐，就容易造成过剩脂肪堆积在腰腹部和臀部的现象。

在减去腰两侧多余脂肪时，很多女性会去做腰腹部运动，认为练哪里就能减哪里，结果发现效果并不明显。人体是一个整体，不能像机器一样去简单地理解。要想减去腰两侧的赘肉，先要降低整个身体的脂肪含量。身体脂肪含量降低了，腰两侧的赘肉自然也就减少了。一般而言，女性可以选择慢跑或者跳绳等有氧运动，每周至少锻炼3~4次，每次时长35 min以上。笔者相信，只要坚持锻炼，效果就会很明显。

腰腹部运动

当然，女性还需要提高腰腹部肌肉的质量。提高腰腹部肌肉质量的目的是让这些肌肉去消耗更多的能量。但需要注意的是，它们不会直接消耗附近的脂肪。肌肉收缩活动主要是通过肌糖原供能，而非脂肪。提高腰腹部肌肉质量后，运动耐力也就随之增加，能够进行更高强度、更为复杂的运动，这样就会动用到脂肪，必然会让腰腹部脂肪体积缩小。笔者建议女性每周至少进行4~5次腰腹部等大肌肉的力量训练。

第一，坐姿收膝卷腹，每组做20次左右。

第二，坐姿后倾左右转体，每组做20次左右。

第三，收膝交替侧卷腹，每组20次左右。

第四，仰撑交替直抬腿，每组20次左右。

虽然坚持锻炼会有些辛苦，但如果能够减掉腰两侧的赘肉，拥有更美的体形，不是很值得吗？

5. 跑步减脂须知

在跑步减脂的过程中，需要注意以下几点：

（1）跑步的好处是显而易见的

坚持跑步一周，人的心肺耐力开始变强，只需要一个月，体重就会开始下降；三个月后，抵抗力就会增强，人不会轻易感冒；一年后，人甚至可以远离亚健康侵扰；三年后，人就可以自由地享受流汗的感觉，体验身材的变化带来的自信。因此，你不要总是担心减脂失败，适当增加心肺耐力、骨密度、肌体积等也是十分重要的。

（2）脂肪是维持生命活动的重要物质

一切生命活动都需要能量，诸如物质代谢的合成反应、肌肉收缩、腺体分泌等。2000年，中国营养学会提出的中国居民膳食营养素参考摄入量指出，成年男性轻、中等体力劳动者每日需要的热量为 2 400~2 700 kcal（1 kcal≈4.186 kj，下同）；女性轻、中等体力劳动者每日需要的热量为 2 100~

2 300 kcal。儿童、青少年、孕妇、老年人各自的生理特点不同，需要的热量也不尽相同。如果你摄入食物（诸如水果等）的热量超过了身体所需要的热量，你的身体就会把多余的热量储存起来，久而久之就变得肥胖了。

（3）人体处于高耗能状态时需要燃烧更多脂肪

人体的能量主要来源于食物中的三大产热营养素，即脂肪、碳水化合物和蛋白质。脂肪产热效率高，但不会直接给组织提供热量，一般都是在人体处于高耗能状态时发挥作用；碳水化合物则是以葡萄糖的形式为组织所利用，特别是肌肉和大脑；蛋白质也可以为人体提供热量，特别是当脂肪和碳水化合物提供的热量不能满足人体的生理需要时，蛋白质可以通过糖异生转化成能量为身体所利用。人体的热量总消耗是这样分配的：60%是维持生命活动的基础代谢，10%是食物热效应（在进食时消化系统所需要使用的热量），30%是体力活动（包括家务劳动、运动等）。人体在摄入食物时，先要维持生命活动的基础代谢和体力活动；然后要通过劳动进一步获得食物。当今社会科技发达、食物丰富，一方面，人们可能摄入了超过正常需要的热量；另一方面，又减少了体力活动的强度。这样，人体内的热量就需要找到其他的消耗途径以保持能够继续摄入食物的能力，不然就会引起慢性疾病，诸如肥胖、糖尿病、癌症等。因此，运动作为耗能的特殊手段风靡全球，成为减肥塑形的有效手段。

一般情况下，以碳水化合物产热就足够了，所以很多运动强度较低的素食主义者，在没有摄入足够脂肪的情况下也能够保持健康状态。但是，如果你需要进行重体力劳动，需要持久的耐力或运动时，就需要脂肪参与；如果你没有摄入足够的脂肪，就不能坚持更高强度、更长时间的运动。

(4) 有效的减脂方法是减少热量的摄入

如果你想短期内快速减脂，仅靠跑步这种运动模式是不够的，有时反而会对身体健康有害。笔者认为，有效的减脂方法是减少热量的摄入，例如，少吃含有碳水化合物的食物可以让减脂模式更快开启，少吃脂肪类食物可以让体内过多的脂肪储备更快降低。当你吃了含有碳水化合物的食物以后，如果没能及时消耗，碳水化合物会以糖原的方式储存在肌肉和肝脏里，必要时供身体使用。人在跑步时，身体开始消耗肌糖原和肝糖原，与此同时，脂肪也在不断被消耗，只是脂肪参与产热占比低于糖原的产热占比罢了。不过，人们都在追求的燃脂是指脂肪参与的产热占比更高，或者是脂肪作为主要的"产热者"。如今的食物大多经过精加工，热量一般较高，少动久坐人群只需少量食用即可满足日常所需，如果食用超量就会转化成脂肪储存在人体内，先储存的部位是腰腹部，然后是面颈部，体重逐渐增加的同时，体形也会变得臃肿。一般而言，人跑步 5 km 或快走一小时会消耗大概 300 cal 热量，相当于 100 g 面条或全麦面包、300 g 白米饭或 300 g 香蕉的热量。因此，如果在跑步前人体内的血糖和糖原含量足够高，依靠在短时间内短距离跑步消耗过多脂肪是不可能的。除非空腹跑步，但这又会带来其他问题，比如低血糖，所以还是减少热量的摄入为妙。

(5) 减重塑形与保持身材最关键的因素是增加肌肉

增加肌肉就是增加人体的基础代谢率，也就是增加运动能力，增加生命活力。许多女性可能会有顾虑，因为她们不想变成满身肌肉的人。其实，女性拥有满身肌肉的可能性几乎为零，因为其雌激素水平相对较高，会限制身体的肌肉含量。很多男性认真锻炼 3 个月一定会让肌肉含量发生很大变化,但若想成为健美先生,不能仅满足于3个月,而需要5~10年坚持锻炼才有可能。

增加肌肉的方法可以是无器械力量训练,这种方法比较简单易行。当然去健身房"撸铁"的也大有人在,只要学习科学的动作,找到适合的方法,循序渐进,即可让肌肉一点点地增加起来。需要特别指出的是,女性也可以"撸铁"。健身者可以进行高强度的间歇性运动,将这项运动放在力量训练和有氧跑步的计划之中。

增加肌肉训练

(6) 坚持适量跑步是修炼和保持健康体形的基础

如果你真的决定开始跑步了,需要先用一到两个月的时间达到可以连续跑步3~5 km的身体水平。在跑步的过程中,如若发现跑不动了就改为快走,一定要把原定的运动量完成。持续一个月,再坚持到100天,跑步减肥的效果就会有所显现。具体参照前文的"新手户外跑步训练运动处方(8周)"。

至于你脚上是否穿着名牌跑鞋并不重要,重要的是找一双适合跑步的专用鞋。一旦你开始跑步了,就要不断学习正确的跑步姿势,注意保护膝关节。慢慢地,你还会感受到在跑步的过程中背部肌肉也在逐渐变得紧实。

如果你想利用跑步达到减脂的效果,还需要在跑步时保持减脂心率。所谓减脂心率就是运动者的最大心率乘以70%,即高强度运动时的心率。这是一个通用数据,在实际运用时会有很多变化,要根据你的年龄、体能、休息情况等进行调整。

需要强调的是,减肥不是采用某一种运动方法就可以实现的,它需要一套完整的解决方案,即运动处方,如果没有运动处方,就会在减肥的道路上无比艰辛。

下面引用一篇论文说明正常体重、超重和肥胖者在跑步时膝盖损伤的情况。

这是一篇于2020年7月发表在 Journal of Orthopaedic and Sports Physical Therapy 的论文 "Knee Injuries in Normal-Weight, Overweight, and Obese Runners: Does Body Mass Index Matter?"(《正常体重跑步者、超重跑步者和肥胖跑步者的膝盖损伤与体重指数是否有关?》)。这篇论文运用了比较研究法,合并了来自4个独立的前瞻性研究数据(包含2 612名参与者),分别计算了正常体重跑步者、超重跑步者和肥胖跑步者与跑步相关的膝盖损伤占与跑步相关损伤总数的比例。以正常体重跑步者作为参照组,比较了与跑步相关的膝盖损伤的比例的绝对差异。

研究结果显示,571名跑步者出现了与跑步相关的损伤(181例与跑步相关的膝盖损伤和390例与跑步相关的其他部位损伤)。超重跑步者较之正常体重跑步者出现与跑步相关的膝盖损伤的比例的要低13%。同样,肥胖跑步者出现与跑步相关的膝盖损伤的比例比正常体重跑步者要低12%。

这篇论文的结论是，超重跑步者和肥胖跑步者较之正常体重跑步者，与跑步相关的膝盖损伤概率更低。

这个结果肯定出乎人们的意料，但事实上就是这样。人们普遍认为，与跑步相关的膝盖损伤在肥胖跑步者和超重跑步者中更为常见，主要有以下两个原因：一是肥胖跑步者和超重跑步者比正常体重跑步者跑得慢，每步总负荷中膝盖区域所占的比重似乎更大；二是肥胖和超重是已知的膝关节骨性关节炎的危险因素。本文主要研究这一推论是否正确。研究结论显示，超重跑步者和肥胖跑步者与正常体重跑步者相比，与跑步相关的膝关节损伤比例更低。这一结论适用于新手。此外，与跑步相关的膝盖损伤在临床诊断中，跑步者没有性别分层。

6. 跑步到底会不会使小腿变粗？

一般而言，短跑运动员的小腿会稍微粗一点，普通人在中长跑过程中，如果动作正确，不会跑粗小腿。马跑得很快，但小腿很细。女性还会因为皮下脂肪消耗而使小腿变得更细一点。

跑步不会使小腿变粗的关键是运用核心肌跑步，这与跑姿的关系很大。例如，短跑运动员的大腿会比普通人的粗一点，而走路较多的女性一般小腿会变粗，跑步后变化会比较大。

事实上，检验跑姿是否正确的简单方法就是留意跑步时脚下有无声音。一旦你感觉双腿发沉，脚落地时的声音逐渐增大，就要减速或停下来。很多跑友反映自己曾有过这样的经历。有的人还会继续坚持跑步，以为坚持一下就会缓解症状，其实这样反而有害无益。因此，每次跑步完毕，你一定要记得拉伸腿部，否则就会出现小腿肌肉酸痛现象，次日上班还可能出现双腿无力的情况。尤其是刚开始练习跑步的"小白"需要注意，每次跑前热身，跑完步后一定要做拉伸动作。许多新手刚开始跑步时并不懂得如何去做拉伸，很多人都是加入跑团后，模仿团队跑友们的动作才慢慢学会的。

三、腰腿疼篇

1. 腰椎间盘突出导致腿疼，该怎么办？

对于腰椎间盘突出，许多人都耳熟能详，但是真正清楚腰椎间盘突出的病因和病理机制的人并不多。腰椎间盘主要由髓核、纤维环、软骨板三个部分组成。腰椎间盘突出就像砌墙时压实两块抹好水泥的砖头的过程中，水泥从某个方向被挤压出来。腰椎间盘突出就是髓核向后方（椎管）突出，压迫神经根，从而出现一系列的症状。也许有人会问：那腰椎间盘为什么一定是向后方突出呢？这是因为前方和两侧有较厚的"胶带"约束，而后方比较薄弱的地方束缚力量不够。

腰椎间盘突出一般会出现腰疼、腿部麻木和腿部疼痛等症状。腿部疼痛一般表现为从腰部、大腿到小腿后部的放射性疼痛和麻木感，甚至放射至足背或足底。腰椎间盘突出确诊一般需要 X 光片检查、CT 检查或者 MRI[①] 检查，但是这些检查如无明显异常，也不能完全排除病人患有腰椎间盘突出的可能性。

笔者看过不少网站帖子与视频，感觉众说纷纭。网上有不少人称能治好各种腰椎间盘突出症（以下简称"腰突

---

① magnetic resonance imaging，又称磁共振成像。

症"），但是治好的标准是什么？治疗前是什么状态？采用了什么治疗方法？

针对以上这些问题，笔者提出三点建议，以供参考。

第一，确定患者是不是患上腰突症。治疗前，医生需要弄清三点：一是影像学表现腰椎间盘突出不一定是腰突症，必须有对应的症状和体征；二是只有腰疼没有腿疼就不是腰突症（中央型突出除外）；三是对老年人来说，腰椎间盘突出大部分是正常的退行性改变，也就是说，人老了以后腰椎间盘必然会有突出，但是有时伴着腰腿痛，所以会出现误诊。面对这三种情况，医生不能按照腰突症去治疗。

第二，明确目前没有一种方法能包治所有的腰突症。传统治疗腰突症的方法包括推拿、针灸、牵引、小针刀等，这些方法在临床上有时也有效。但是笔者仍建议患者去正规医院就医，并在医生的指导下进行此类治疗，否则治疗方法不恰当很可能会加重患者的病情。经常有人会问：同样都是腰突症，为什么一样的办法不会都管用呢？因为很多办法本来就是"安慰剂"，保守治疗最管用的方法就是卧床加适度运动，而其他方法都只能暂时止痛，患者需要静养待愈。医学界普遍认为，90%腰突症确诊患者的病情可以不用手术便得到缓解。事实上，有时手术治疗也不能让患者完全康复。

但是，外科诊疗技术是在不断探索中前行的，没有最好，只有更好。例如，现在的椎间孔镜下微创髓核摘除术既可解决腰椎间盘突出问题，又不增加导致失稳的损伤。科技发展带动了医学的发展，现代腰椎微创手术也越来越成熟了，甚至可以获得令人满意的效果。但是腰椎间盘仍然需要人们平时好好保养，注意纠正不当姿势，对腰肌予以保护，通过运动锻炼，提高腰部结构的稳定性，这才是治本之道。

第三，了解腰突症的治愈标准。一般情况下，患者会认为腰痛的症状消失了就意味着腰突症被治愈了，而医生还要从解剖学、病理学和功能学方面对患者的病情进行全面的评价。如果患者不进行手术，突出髓核一般不会回纳。虽然有脱出的髓核变小被吸收的病例，但数量太少，仍需进一步观察。手术是解决压迫神经和失稳状态两大问题的常见手段，如果医生解决了以上两大问题则意味着治疗基本成功，如果患者没有出现并发症则可谓治愈。

腰突症的康复锻炼相当重要，关乎患者能否正常工作和生活。尽管有的患者接受保守治疗，卧床超过一周且不感觉疼痛了，但是其腰肌逐渐萎缩，更容易诱发腰突症；也有的患者术后卧床较多，戴围腰时间较长，其腰肌无力的症状更加明显。绝大多数患者都因腰腹部肌肉缺乏锻炼，肌肉力量下降或肌肉不协调导致腰椎稳定性下降，使腰椎间盘承受更大负荷，进而引发髓核突出等问题。因此，康复锻炼十分重要。康复锻炼主要是通过加强核心肌的稳定性达到治疗的效果。术后，患者及时通过运动进行康复干预，其恢复效果都很令人满意。

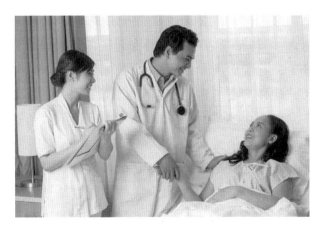

术后治疗

目前，已经有不少人接受了运动疗法。需要强调的是，所有增加核心稳定的康复锻炼都应该有效，只是患者不要在腰突症急性发作期频繁锻炼即可。一般情况下，笔者在门诊推荐的运动疗法是健走，包括快走和慢跑，首先患者要确保动作正确，其次要启动核心肌发力，不要用腿部发力。事实上，患者要想治好腰突症并不容易。欲使症状消失，又不让腰突症复发，需要医患双方共同努力。

病例1：腰扭伤卧床，腰肌萎缩到绝望

你无法想象一位30岁出头，身高1.9 m的年轻人，既不能坐，又不能站，整个人只有躺着才舒服是什么滋味。患者自述最长一次连续平躺5.5 h，由于长期卧床，其骶尾部皮肤甚至压出了褥疮。因为这个年轻人相信了一位医生告诉他的一句话：腰扭伤引发腰突症，只有平躺才能好转。

这个年轻人卧床平躺了4个月后前来就诊。在笔者的指导下，他锻炼了2个月就能走半小时路，坐15分钟了。记得他第一次坐着轮椅来寻诊时，因其急着想上班，笔者当时就指导他，让他能够站起来走路。他高兴地离开了诊室。30天后，他第二次来问诊，其神情变得十分绝望。他母亲进来直截了当地说："给他开刀吧！他的身体恢复得太慢了，一次性解决就好了，花多少钱都行。"他也有些丧气地说："我实在受不了了，这样下去工作要没了。"他母亲补充道："他再恢复不好，家也要散了。"他父亲稍微镇定一些："咱们听医生的，不要这么急，医生医术高，看看有没有好办法？"

他母亲的腰突症是笔者10年前做手术治好的。笔者向其解释道："他既没有腰突症的临床表现，也没有明显腰突症的影像学依据，更没有手术的适应症。"但笔者考虑他们强烈的意愿后，还是决定将他收治入院，先稳住他们一家人的情绪。

这是笔者从医以来所遇到的因肌肉萎缩而腰疼到绝望的其中一个患者,他的情绪比笔者此前治疗过的患者的情绪要低落得多。这个故事值得人深思,到底是患者错了,还是医生错了?

病例2:长跑就不会腰椎间盘突出了吗?

门诊来了一位跑友,他说是在地铁上看到笔者的科学健身指导门诊的消息慕名而来的,想要咨询两个问题:查出了腰椎间盘突出能否在不手术的情况下继续跑步?呼吸暂停为什么查不出原因?

笔者详细询问了他的运动史和受伤史。

5年前,45岁的他因为超重想减肥开始跑步。半年间,他的体重从85 kg减到了76 kg,跑步距离从2 km延长到10 km,一切感觉都很好。于是,他逐渐喜欢上了跑步,一年后开始跑半程马拉松,跑过至少5次正规赛事。2019年,他跑了3个全程马拉松,最好成绩是跑进4小时。后因疫情严峻,他停跑了3个月,其间在搬运大桶氧气瓶时扭伤了腰。其父亲因肺气肿,需要长期在家吸氧,所以他经常搬运氧气瓶。扭伤腰后,他出现腰痛和右小腿外侧麻木与酸痛的症状,核磁共振检查显示其第四、第五腰椎间盘突出。经过针灸、按摩、休息后病情好转,他就又开始跑步了,近期已经能跑10 km。目前,他的症状是晨起或久卧后站立,腰部、小腿会感到明显不适,活动后好转;但跑步时右脚会踢到左踝,并可看到左内踝处的创面。

近3年来,他会在夜间出现呼吸暂停并惊醒。在云南某部队医院和上海某三甲医院均进行过心肺耐力检查、动态心电图检查和睡眠监测检查等,报告均未见明显异常。他很困惑为什么检查不出异常来。

笔者认为,呼吸暂停不一定会有心脏问题。然而,令笔者疑惑的是:为什么之前他胖的时候呼吸没有暂停,瘦下来反而出现呼吸暂停现象了?一般地,患者减肥后呼吸暂停现象应该会得到好转。

经过进一步检查,笔者给出了第四、第五腰突症和睡眠呼吸暂停的诊断。推测原因是患者腰部核心肌肉力量快速变弱(停止跑步时间超过3周,只练核心肌大肌群而忽视了小的稳定肌);咽喉部脂肪减少,黏膜松弛,平卧时引起气道梗阻,出现呼吸暂停的症状。

笔者给予其对症和对因的处理。一个月后复查,他的身体逐渐好转。

病例3:下肢扭伤误诊为腰椎间盘突出

一位59岁的女患者就诊前半个月右下肢疼痛,行走困难,多处寻医后效果不佳。MRI检查结果显示,骶管囊肿,偏左侧。医生建议她做手术治疗。

她前来就诊后,笔者产生两个疑问:为什么MRI检查结果显示与其症状不符?半个月前,她为什么从来没有出现腰腿痛的症状?

笔者再次认真检查后,发现她大腿前侧肌肉压痛明显,便追问其病史。原来,她在发病前每天早晚健走,坚持了10多天。原本她就腿疼,在取高处物体时右下肢用力过渡,出现痉挛性疼痛,与之前的小腿疼痛一起引发了整条腿痛。后来,其他医生一度以治疗腰突症的方案,为她输了3天液。

笔者嘱咐她回家后减少活动量,适当热敷,放下顾虑,之后疼痛便可减轻。

通过此病例，我们可以吸取以下三点教训：

① 健走不能走得太多，一般每天 3~5 km 即可。

② 看病时，患者要讲清楚病因和病史，如哪个部位疼得厉害，因何发病都要详述。

③ 医生问诊看病要仔细，先入为主的思路容易出现误诊。

病例 4：戴护腰戴到不能正常生活

一位 42 岁的男性白领腰部不适半年有余，专程前来就诊。由于工作和家庭原因，从 10 年前开始，他基本停止了喜爱的体育运动，之前几乎每周打两次以上篮球。

半年前，他喜得二宝，和妻子一起照顾孩子。在一次弯腰抱孩子的时候，他突然感到腰部刺痛，稍微屈伸就会引发严重的疼痛，在家卧床 2 天无明显好转。在当地医院拍片检查后发现，他的腰椎轻度侧弯。医生开了膏药，建议他购买护腰，卧床休息。之后，他一直佩戴护腰直至来诊，均不能正常工作和生活，导致情绪崩溃。MRI 检查结果显示，他的腰肌脂肪化明显，CT 也显示其腰椎间盘突出和膨出。

笔者指导他练习桩跑，坚持锻炼，逐渐加强核心力量，并坚定其康复的信心。复诊两次后，他的病症有所缓解，他也逐渐恢复正常的工作和生活。

2. 关于腰痛的 10 个谬论和 10 个事实

腰痛是导致人类丧失运动能力的主要原因之一，通常与无效、过度的治疗，以及错误、无益的观念有关。这里总结了10种对腰痛无益的常见观点，即10个谬论，也总结了10个事实。笔者呼吁临床医生将这些纳入与患者的沟通之中，也希望人们对腰痛有一个正确的认知。

（1）关于腰痛的10个谬论

谬论1：腰痛通常是一种严重的医学疾病。

谬论2：腰痛在以后的生活中会持续恶化。

谬论3：持续性腰痛总是与组织损伤有关。

谬论4：腰痛的病因需要通过扫描检测才能被发现。

谬论5：运动时引起的疼痛是一种警示，需要停止运动。

谬论6：腰痛是由错误的坐姿、站姿、举姿引起的。

谬论7：腰痛是由核心肌群薄弱引起的，增强核心肌群可以预防腰痛。

谬论8：脊柱负荷过重会导致腰椎间盘磨损和撕裂损伤。

谬论9：疼痛发作是组织损伤的信号，需要休息。

谬论10：药物治疗、注射治疗和手术治疗是有效的，也是必要的。

（2）关于腰痛的10个谬论的行为学反应

关于腰痛的谬论可能导致错误的行为方式。如回避正常的脊柱姿势（舒适的坐姿），回避弯腰、扭腰等动作，甚至逃避一些有益的活动，诸如脊柱负荷、体力活动、社会活动和日常活动等。同时，关于腰痛的谬论也经常导致无用的保护行为，如加强肌肉保护，过度训练核心肌群，只进行缓慢而谨慎的活动。此外，关于腰痛的谬论还可能导致腰痛者选择更多的医学或侵入性干预（药物治疗、推拿疗法、注射疗法等），以缓解症状，并进行姿势练习或修复与腰痛无关的椎间盘退变结构（干细胞治疗、手术治疗等）。

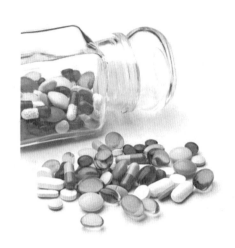

药物治疗

（3）关于腰痛的 10 个谬论的心理学反应

人们对腰痛错误的认知会带来消极的心态，如对疼痛敏感，害怕从事体力劳动或担心未来会腰痛。加上缺乏有效的自我管理、自我效能感和适应能力，通常会影响腰痛患者的心理，诸如引起心理压力、焦虑、抑郁等。而关于腰痛的 10 个谬误与疼痛加重、丧失劳动力、过度使用药物和寻求医疗保健有关，这些观念在普通人群中很常见，也通常被媒体、行业团体和临床医生渲染和强化。因此，笔者认为有必要提出正确的观点，以正视听！

（4）关于腰痛的 10 个事实

事实 1：腰痛不是一种严重的危及生命的疾病。

事实 2：随着年龄的增长，大多数患者腰痛的症状都会得到改善，并且不会恶化。

事实 3：与组织损伤相比，消极的心态、恐惧的情绪、消极的康复预期与持续性疼痛的关系更加密切。

事实 4：机器扫描不能确定当前腰痛发作的预后，不能预测未来腰痛发展的可能性,也不能改善腰痛的临床结果。

事实5:逐步锻炼和全方位活动对脊柱是安全有效的。

事实6:根据坐姿、站姿、举姿不能预测腰痛及其持续时间。

事实7:薄弱的核心肌群不一定会导致腰痛,有些患者腰痛是因为过度拉伸核心肌群。虽然保持躯干肌肉强壮是有益的,但是适当放松肌肉对腰痛也是有帮助的。

事实8:根据病理分级,适当运动和适当负荷对脊柱是安全的,可以建立脊柱结构弹性稳定。

事实9:与组织损伤相比,腰痛发作与活动、压力和情绪变化的关系更为密切。

事实10:有效的腰痛护理相对便宜和安全。这包括以患者为中心,培养积极心态,指导人们保持身心健康。

有的人怀疑"事实7"的正确性,我们可以这么理解,患者腰痛可能是核心肌群力量和运动强度不协调的结果。如果核心肌群力量能够适应运动强度或负荷强度,不一定会引起腰部的损伤。

谬论5认为"运动时引起的疼痛是一种警示,需要停止运动"。这个观点为什么是错误的呢?疼痛是警示,但需要正确分析。运动量太大、休息恢复不够、姿势不正确、准备活动不充分等,都可能引起腰痛,调整这些因素就可以缓解疼痛。因此,疼痛出现后不能一概而论,停止运动的结果是对健康更大的伤害。

3. 腰椎间盘突出的患者如何运动？哪些生活习惯需要注意？

腰椎间盘突出的患者的运动可分为三期，不同时期的运动会有所不同。

（1）急性期

如果患者腰腿疼得厉害，需要卧床，应立即就医检查。一旦急性髓核脱出，压迫神经，会导致包括大小便失禁等严重问题。如果患者压迫神经的情况没有明显加重，卧床3天，且最多3天，就需要下床活动了。此时的运动就是慢走，患者千万不可做扭腰的动作。

（2）缓解期

有的患者会迁延不愈，经常出现小腿的放射性疼痛。事实上，腰突症一般都是从腰疼开始的，疼痛会慢慢加重，当患者突然出现腿疼、腿麻的症状后，腰部就不会疼痛了。慢性发病期主要依靠增加腰椎的稳定性，即核心肌的稳定性来防止腰椎间盘突出的进一步加重。锻炼方法包括核心力量训练和有氧运动。很多年轻人认为力量训练有好处，但觉得有氧运动似乎没有多大用处。如果这样想就大错特错了！比如跑步对核心肌的要求其实很高。如果核心力量不改善，跑步能力就不会提升。正确的跑姿会使核心肌得到锻炼。腰背肌是核心肌的一部分，需要锻炼，但是跑步者不能只锻炼腰背肌，还要锻炼其他肌肉群。慢跑就是一种全面的锻炼，而且跑步者也不容易受伤。

（3）突出前期

突出前期是指患者只有腰臀部疼痛，腿不疼不麻，而影像学检查报告显示腰椎间盘突出。这一时期的运动处方可以在缓解期的基础上增加一些运动量，运动方式基本相同。需要注意的是，直腿硬拉是很危险的，生活中也要注意避免直腿弯腰搬抬重物，这个动作是腰突症患者最常见的发病动作之一。

当然，术后患者也需要运动，预防其他节段再突出。具体方法可以参考上面的内容。

4. 为什么腰肌劳损后医生还推荐锻炼腰肌？

作为一位骨科和运动医学医生，又在从事科学健身指导工作，笔者对"为什么腰肌劳损后医生还推荐锻炼腰肌"这个问题很感兴趣，还上网查看过不少网友的回答，认为各有千秋。但是有些地方需要做一些补充和说明，以便更好地指导腰痛患者进行康复训练。

（1）腰肌劳损不是一个明确的诊断

腰肌劳损这个说法至少在几十年前就出现了。人们发现过度劳累或受伤后，会引起腰部疼痛不适、活动受限，通过休息就会明显好转或使疼痛消失，因此就把这种症状叫作腰肌劳损。那时，基本上都是从事体力劳动或进行剧烈运动的人群易患此种疾病。

随着现代医学不断发展，医生逐渐发现这种所谓的腰肌劳损症候群实则包括了很多疾病。从部位上讲，有深层、浅层疾病；从结构上讲，有肌肉、筋膜、韧带、肌腱、关节囊、骨膜疾病；从病理上讲，有肌纤维断裂、附着点撕裂、肌筋膜撕裂、出血、痉挛、炎症渗出、纤维化、脂肪化、肌纤维萎缩等疾病。

从病因角度分析，患者出现腰肌劳损可能是身体局部结构问题，也可能是相邻结构问题，比如胸椎和髋关节问题；可能是直接损伤，也可能是间接损伤，比如代偿性损伤；可能是长期姿势不良引起的重复性损伤；可能是肌肉力量薄弱，也可能并不薄弱。患者长期保持不良体态、缺乏运动可能导致肌肉力量弱，治疗师通常称之为"紧而无力"；患者过度疲劳，且修复不及时，但肌肉力量可能不弱，被称作"紧而有力"；还有可能是患者肌肉力量不平衡引起的问题。

下腰痛或者腰肌劳损的患者就必须弄清楚到底是哪里出问题了，否则即使采用多种治疗方法，花费大量时间和金钱，效果也不一定好，甚至可能导致疾病复发。

因此，我们先要知道腰肌劳损的病因。腰肌劳损大多是腰部肌肉、筋膜、韧带等软组织的积累性、机械性和急性损伤等造成的，之后逐渐转化为慢性病症并引发炎症。

由此可见，腰肌劳损是一种累积性伤病。当患者腰部肌肉力量不佳时，过度使用会对软组织产生破坏，造成粘连等现象。如果患者没有进行有效治疗，长此以往便会产生累积性伤病。

训练腰部肌肉就是为了提高肌肉质量，增加肌肉的力量和耐受力，从根本上解决腰肌劳损的问题。

腰部肌肉的康复训练，不是指单纯地去做某一个动作，而是指系统性的训练，包括松解肌肉、拉伸肌肉、增强核心肌的稳定等。下面是一个可供参考的自我康复方案。

① 泡沫轴放松肌肉

泡沫轴是国家级运动队放松肌肉的"神器"，并且是在患者主动运动的情况下放松肌肉。患者可以利用泡沫轴做肌肉拉伸练习，使紧张的肌肉放松下来，这比单纯被动的按摩效果好很多，并且患者可以随时随地操练，主要针对腰方肌、竖脊肌、阔筋膜张肌、髂胫束、股四头肌进行放松。

② 拉伸肌肉

过度劳损的肌肉会出现损伤性肌肉挛缩。这是一种肌肉受到伤害时启动的保护性机制，需要让挛缩的肌肉重新伸展到合适的长度。患者可以根据上述情况进行肌肉拉伸，这能够在很大程度上缓解疼痛。

拉伸训练

③ 腹式呼吸训练

由于人体的腰椎段没有硬骨的保护，需要更多腹部肌肉去稳定，这就牵扯到呼吸模式的建立问题。腹式呼吸能够很好地提高腹部核心肌的稳定性，且不受时间和场地的限制，患者可以随时随地地进行，因此是个相当不错的训练项目。腹式呼吸训练可以帮助患者稳定腰椎，使患者不会损伤腰部肌肉。

四、颈肩痛篇

1. 晨起醒来肩痛怎么办?

笔者的肩从来没有痛过,5月初的一天早晨笔者突然被肩痛疼醒了,外展和上举都有痛感。那几天,苏州的天气突然变热了,白天气温高达30℃,原来已经立夏了。肩痛的前一天晚上很热,到后半夜气温骤降,笔者没有穿睡衣就睡觉了,还是露着肩膀进入深度睡眠,着凉后肩部滑囊滑液的分泌减少了,所以会出现晨起肩痛的现象。

肩关节是人体活动范围最大的关节,其结构基础就是肩部小肌肉较多,方便各个方向的活动。这些肌肉和肌肉之间通过肌膜分隔,肌膜和肌膜之间有滑液润滑。有了滑液的润滑,肌肉才能自如地活动,才能做出精准的动作。如果滑液分泌减少,肌膜和肌膜之间相对活动的摩擦力就会增大,严重时还会引起炎症反应。

着凉后,笔者转换姿势,痛感明显,可能是滑液分泌减少,出现炎症反应引起的疼痛。一般越是晴天,昼夜温差越大,特别是春夏之交,气温变化较大,人们应随气温增减衣服。这个季节一定要注意保暖,特别是中老年人。如果滑囊不能正常分泌滑液,人的动作就会变得迟缓,甚至出现炎症反应引起疼痛,这也是人们感觉自己逐渐变老的表现之一。儿童睡醒后一般是从床上一骨碌就爬起来了，因为他们的滑液分泌旺盛，只要有意念，身体就可以马上做出反应，几乎没有时间差。人的年龄越大，时间差就越大，膝关节也有这种表现。如果一个人坐久了，突然站起来，就会感觉膝关节发僵，这就是老化的表现；如果人在站起来之前，用双手在膝关节前拍击几下就会明显感觉舒服很多。那天早晨，笔者起来后先拍拍肩，然后慢跑半小时，到了上午痛感就基本消失了。在此特提醒大家，肩关节疼痛时千万不要反复做上举的动作，这样会加重局部炎症，不利于疼痛快速好转。只要拍打刺激一下神经末梢，再加上慢跑运动，把身体的基础体温升高，疼痛就会很快消失！

运动与肩部疼痛的关系也是辩证的。如果运动过度，肩部肌骨结构会出现提前退变，比如造成骨刺形成、肩袖撕裂，毕竟过少的皮下脂肪也不利于保暖；如果运动不足，肌肉体积和肌纤维质量较差，基础代谢率较低，抵御寒冷的能力也会变差。适量的肌肉体积和体脂率是中老年人所必需的。

我们常常在疼痛的时候说"我很难过""我要生气了"，在感觉舒服的时候说"我很开心"，仿佛那些喜怒哀乐真的属于我们，其实并没有。情绪的确存在，我们也的确可以感受到它，但坏情绪会影响到我们的身心健康。请善待每一个坏情绪，你才会拥有好心情；请善待每一次疼痛，特别是运动后的疼痛，你才能持久保持活力。

2. 颈肩痛如何诊治？

有的患者提出疑问：为什么颈肩痛，吃药不痛，不吃药就痛？如果做核磁共振后发现颈椎第三、第四节突出还压迫到了神经，该怎么办呢？下面笔者会从医学的角度进行回答。

对于颈椎病的检查来说，核磁共振越来越普遍。

但是当患者拿到检查报告后，基本上是看不懂报告结果的，只知道颈椎有突出，压迫了神经。当出现这种情况的时候，患者应该怎么办呢？当然首选的方式是找骨科脊柱专科医生看病，医生可以给患者进行全面的解释和病情分析。但是，找不到医生时，患者可以通过阅读科普书籍或相关文章初步了解一下病情，以免过度紧张。

患者在做进一步诊治前，需要注意以下几点：

第一，影像学检查，包括拍 X 光片、CT、MRI 等。患者会收到一份检查报告，但这并不是临床诊断。其作用主要是供临床医生参考，以便医生做出一个合适的临床诊断。疾病有时候和影像学检查是不吻合的，所以患者不必过分紧张。

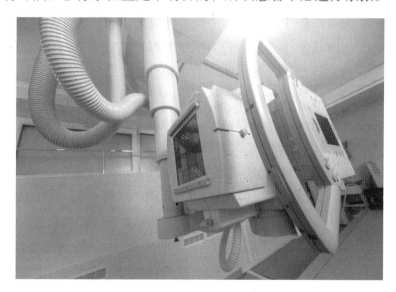

影像学检查

第二,进一步治疗必须以临床诊断为依据。换句话说,医生治的是病,不是检查结果。如今有少数医生仅仅依据检查结果进行治疗,这一点值得商榷。

第三,临床诊断就是根据患者的症状和体征,再结合血液学、影像学等检查综合做出的评估结果。

所以,千万不要以为医生只看报告就可以给患者治疗方案了。

如果有人据此就热情地给患者进行治疗,请谨慎应对。

针对这名患者颈椎第三、第四节突出还压迫到了神经的问题,诊断如下:

第一,颈椎病分为若干型,这种属于神经根型。颈椎突出压迫到了神经根。

第二,颈3/4椎间盘突出,压迫颈4神经根。

第三,颈4神经根受累。感觉障碍在枕外隆突附近的皮肤;运动障碍在颈项肌及冈上肌,无反射改变。

综上所述,这名患者的症状是颈肩痛。

这名患者自述吃药不痛,不吃药就痛,治疗建议如下:

第一,既然患者吃药就不痛了,证明保守治疗有效。

第二,保守治疗有效,则不建议患者进行手术治疗。

那么,究竟如何保守治疗呢?

第一,建议患者继续吃药,因为药物可以缓解症状。

第二,推荐患者口服消炎镇痛药物,这样不仅可以止痛,还可以消炎。

第三,让患者注意日常活动姿势的改变。枕头宜高度适中,多抬头,可做颈椎保健操、跑步等运动。

第四,针对神经根型颈椎病,推荐患者做牵引治疗。

第五,理疗、按摩、针灸等有一定的疗效,让患者将其作为辅助治疗方法。

第六，如果患者喜欢中药治疗，建议不要与西药同时服用或遵守医嘱。

第七，建议患者注意保暖。

上述这种轻度颈椎病的治疗并不困难，关键在于治疗的持续性。不要认为服用一次药就可以停药了，患者应该遵守医嘱坚持治疗。

从运动医学的角度来讲，骨科医生的回答是不够全面的。运动医学追求功能至上、预防优先、整体观念、全程管理、快速康复、运动处方、无创微创、道法自然。运动医学会将主动运动的观念贯穿预防、治疗和康复全过程，也会采用经济有效、无创微创的方法，优先考虑患者运动功能的恢复。

五、脊柱侧弯背痛篇

1. 脊柱侧弯对身体有什么影响？

现在越来越多的人脊柱有问题，脊柱问题是否会影响我们的健康呢？答案是肯定的。

当脊柱处在正常功能位时，人体所受压力是均衡的；当脊柱出现问题时，人体周围的压力就会发生变化，严重时会导致疾病的发生。脊柱侧弯就是其中一个比较麻烦的问题。脊柱侧弯发生率很高，女性发生率占到30%~50%，是男性的5~10倍。一般从青春期开始，人就会出现脊柱侧弯，身体在长高的过程中，脊柱侧弯也会逐渐加重；到20岁前，脊柱发育成熟后会趋于稳定，不再加重。

脊柱侧弯加重的过程正好处在人体的发育期，因此会影响椎体和椎间盘的发育，使其出现不规则的形状。同时，人体的脊柱周围的肌肉也会出现左右、前后、上下的不对称和不协调，脊柱严重侧弯还会影响胸廓和腹盆腔的容积，从而妨碍器官功能的正常发挥。

这些结果会让很多人感到害怕，那么脊柱侧弯的问题应该如何解决呢？是否需要寻求医疗帮助呢？

可以明确的是，当没有出现临床症状时，脊柱侧弯完全可以自行康复，预防疾病的发生。脊柱侧弯的主要原因是人体的肌肉力量不平衡。只要找到责任肌群，根据不同体态调整不同肌群，校正身体力线，让身体重回平衡状态，自然就不必担心那些临床疾病了。有人会问：那我们应该如何校正身体力线呢？由于每个患者的体态不同、病因不同，需要先进行专业的体态评估，然后制订康复计划。请大家切记不要简单地将其理解为只锻炼肌肉、加强力量就可以了，那样只会加快伤病的到来，影响后期调理。

脊柱侧弯分为青少年脊柱侧弯和成人脊柱侧弯，也可分为有症状脊柱侧弯和无症状脊柱侧弯。当然还有其他分类方法，均是为制订治疗方案提供依据的。

青少年阶段，人体结构变化较大，脊柱侧弯容易加重，需要密切关注。

第一，如果脊柱侧弯度数在10°以下，这就不能称为脊柱侧弯，可以不进行特殊治疗；如果脊柱侧弯度数在10°以上，才会被诊断为脊柱侧弯；如果脊柱侧弯度数超过10°但未超过20°，一般每半年进行一次检查，根据结果判断脊柱侧弯是否加重，若加重则需要进一步确定加重的程度，之后继续观察或者进行非手术治疗，一般会推荐患者佩戴支具治疗。

第二，如果脊柱侧弯度数在20°~40°，这种情况下，患者大多需要接受干预治疗，强烈推荐患者佩戴支具治疗。

第三，如果脊柱侧弯度数在45°以上，建议患者进行手术治疗。

成年以后，如果没有症状可供观察，不必有太多顾虑，但需注意的是，大多数人会因为缺乏运动、肌肉稳定性下降出现腰背痛的现象。如果人们坚持锻炼，到六七十岁都可以没有腰背痛的症状。

其实青少年也一样，运动锻炼多的即使诊断有30°的脊柱侧弯也很可能是无症状脊柱侧弯，且各方面无不适感。这种情况下，只有少数有特殊需求的人群会进行脊柱矫正。

脊柱侧弯对身体的影响主要有以下四个方面：

① 外形的影响

脊柱侧弯最直接的表现就是因脊柱变形而造成的体形改变，外形变得不漂亮，诸如肩背高低不平、胸廓畸形、骨盆歪斜、长短腿、姿态欠佳等，同时还会对身体的正常活动产生影响。

② 危害生理健康

脊柱侧弯会使脊柱受力不均匀，移行部位受力过多，其他部位受力相对较少，可能会导致一些部位的疼痛，诸如肩背部、腰部疼痛等，情况严重的话，甚至会出现神经受压、神经受损、肢体感觉障碍、下肢麻木等病症。

③ 危害心肺功能

曾有学者对病故的早发性脊柱侧弯患者进行尸检，检查结果显示，脊柱侧弯患者肺泡数量低于正常人，且肺泡过度充气或者萎缩，肺动脉直径也远低于同龄人。脊柱侧弯患者容易出现呼吸急促、喘气等呼吸障碍，还会出现血液循环不畅等现象。

④ 危害胃肠系统

脊柱侧弯会使腹部容量减少，内脏调节功能紊乱，从而造成食欲不振、消化不良等胃肠系统疾病反应。

2. 脊柱侧弯性背痛如何改善？

俗话说，"美人在骨不在皮"。可见端正的形体才是美的真谛。那么，人们的高低肩问题要如何解决呢？

高低肩大多在儿童期发病，医学上称之为特发性脊柱侧弯。临床观察显示，特发性脊柱侧弯与孩子生长过快有一定联系。大部分青少年在身高稳定后，病情就不会再加重了。女性发病率是男性的 5~10 倍，50% 左右的女性都有不同程度的脊柱侧弯或高低肩。

从背后来看，脊柱侧弯的人脊柱呈"C"形、"S"形弯曲；从身体侧面来看，脊柱侧弯的人有平背、平腰、骨盆前倾等表现，弯腰时其背部也是一高一低。有的明显一些，有的轻微一些，均与脊柱侧弯的程度有关。其实这些症状的病理机制是一致的，即脊柱在原来生理弯曲的基础上出现扭转。

脊柱侧弯的根本问题是脊柱扭转。医生做脊柱侧弯矫形术也是力图把脊柱从反方向扭转回来。那么，为什么脊柱会扭转呢？因为儿童时期大肌群比小肌群优先发育，长肌比短肌优先发育，导致脊柱因发育不平衡而扭转，就像台风的形成原理一样。所以，高低肩实际上是肌肉问题。

发育期，人需要通过平衡的刺激让脊柱扭转不要太大；成年后，人需要通过平衡的刺激让脊柱保持稳定。什么样的刺激对脊柱是平衡的刺激呢？当然是对称性的运动，如果能够持续较长时间、活动更多的肌群就更好了。跑步就是符合这个条件的一项很好的运动。

笔者的门诊经常有年轻女性因为背痛前来就诊。她们大多来自附近的婚纱市场，每天经常坐着工作 8~10 h，久而久之，就出现背痛、背酸的症状。检查后发现，她们都有不同程度的脊柱侧弯。经调查，婚纱市场里其他没有脊柱侧弯的女性很少出现此类症状，而她们的工作强度相似。

笔者为脊柱侧弯的这些女性开了一个跑步运动处方，她们坚持3个月后基本上症状都有所缓解，婚纱市场的领导也特意前来表示感谢。这个处方除了规定跑步的时间、频率、强度等事项以外，还对她们有动作上的要求，那就是保持桩跑姿势。这要求她们在跑步时先要夹背、垂肩，上肢尽量不要摆动，随着身体自然扭转即可，同时跑步的速度不要太快，但要坚持30~50 min，这样既可以锻炼背肌，又可以增加肺活量；然后要尽量跑直道，而且步幅要小，尽量用躯体保持平衡，而不是借助上肢辅助平衡；最后要采用腹式呼吸，收腹提臀，这样不仅可以改善平腰和骨盆前倾，还可以增加心肺能力。有些人天生不会腹式呼吸，需要勤学勤练。

3. 非脊柱侧弯的高低肩如何改善？

在没有脊柱侧弯之类骨骼问题的情况下，人的高低肩一般都是由于健身引起的肌肉紧张，继而造成双肩不对称。具体表现为，保持站姿时，人会不自觉地耸起一侧肩膀。

（1）单侧胸大肌过于紧张引起高低肩

针对单侧胸大肌过于紧张引起高低肩的问题，运动矫正方法如下：

第一，拉伸。放松紧张的肌肉，持续做胸大肌拉伸和肩前束拉伸。

第二，均衡锻炼肌肉。如果做卧推的时候姿势不正确，导致一侧胸肌参与过多，造成单边紧张。在训练中，人们可以多用哑铃做卧推练习，这样可以均衡地训练两边的胸肌。

第三，加强后背肌肉的锻炼。后背肌肉加强后，前后的压力趋于平衡，人们的高低肩的问题就不大会出现了，对于脊椎的保护效果也会提升。

（2）单侧斜方肌紧张引起高低肩

颈部姿势不正确，或左右手发力不均匀等，可能造成单侧斜方肌紧张，长期紧张的一侧肌肉就会将肩关节往上提拉，引起高低肩。如果是这种原因，人们需要拉伸紧张的斜方肌，并注意纠正错误的姿势和习惯。

（3）单侧腰部肌肉紧张引起高低肩

有人坐姿不正确，喜欢跷二郎腿或者喜欢朝一边倾斜，这都会造成一侧腰部肌肉紧张，另一侧腰部肌肉拉长。紧张的一侧腰部肌肉会引起上半身的倾斜，从而引起高低肩。这种情况下，人们只需拉伸紧张的腰部肌肉即可调整。

（4）习惯性不良发力姿势引起高低肩

当人们出现习惯性不良发力姿势，加上核心力量不足时，身体就会失去有效的支撑，长此以往会让身体在另外一种姿势下找到平衡，从而引起高低肩。这时，人们需要调整发力姿势，加强核心力量的训练。

六、运动损伤篇

1. 跑步受伤史是长跑者下肢损伤最大危险因素

下肢运动损伤,特别是膝关节损伤,对长跑者来说与跑量有关,也就是说过量运动会引起损伤;对短跑者来说与跑量无关,反而与跑步之外的运动损伤有关,诸如折返、跳跃等;另外,与体重、跑姿、缺乏运动基础等存在一定关联。

这里需要强调的是,有文献报道,跑步受伤史是长跑者下肢损伤最大危险因素;非跑步受伤史是短跑者下肢损伤的最大危险因素;身体质量指数偏高、年龄偏大、性别(女性)、无跑步经验和低跑量是短跑者和长跑者下肢损伤的危险因素。

下面引用一篇论文"Risk factors for overuse injuries in short-and long-distance running: A systematic review"(《系统性的回顾:在短跑和长跑中过度使用下肢造成损伤的危险因素》),用以探讨短跑(平均跑步距离≤20 km/周,且每次≤10 km)和长跑(平均跑步距离>20 km/周,且每次>10 km)过程中,跑步者下肢损伤的危险因素。

这篇论文检索了电子数据库从建库到2019年2月的文献,进行了多变量分析跑步者下肢损伤的危险因素或危险预测模型的前瞻性研究。研究者独立选择符合标准的文献,并

六、运动损伤篇

按照诊断性研究质量评价工具评估文献的偏倚风险。采用GRADE① 系统评估文献质量。

这篇论文共参考了 29 篇文献,其中 17 篇关注短跑者,11 篇关注长跑者,1 篇关注上述两种跑步者。跑步受伤史是长跑步下肢损伤最大危险因素,证据等级属于中等。非跑步受伤史是短跑者下肢损伤的最大危险因素,证据等级属于高等。身体质量指数偏高、年龄偏大、性别(女性)、无跑步经验和低跑量是短跑者和长跑者下肢损伤的危险因素,证据等级属于中等。短跑者和长跑者下肢损伤的危险预测模型证据等级均较低。

这篇论文的结论是,虽然在研究过程中发现了长跑者和短跑者下肢损伤的一些危险因素,但危险因素的证据等级有限。因此,短跑者和长跑者下肢损伤似乎是由多因素引起的。

2. 你有没有脚踝扭伤后,被石膏固定一个月的经历?

笔者曾经询问过一位患者是否有过脚踝扭伤后,被石膏固定一个月的经历。患者称其并没有此经历,也没刻意休息过,但恢复的效果尚佳。

那么,究竟人的脚踝扭伤后,需不需要固定呢?如果需要固定的话,又得固定多长时间呢?

笔者认为,有很多医学方面的书籍曾解答过这方面的问题,但讲解太过复杂。事实上,如果人的脚踝扭伤后,人站

---

① Grading of Recommendations Assessment, Development and Evaluation,又称证据质量分级。

着不动没感觉痛，或痛得不严重就不必固定。如果的确需要固定，那么固定时间越短越好。固定的材料尽可能不选用硬支具，因为硬支具会引起不少并发症，比如破坏人体皮肤的表层组织。

3. 踝关节扭伤不是小毛病！

对于踝关节扭伤存在两种错误的观念。其一，不把它当回事，人扭伤后忍着疼痛继续工作；其二，太把它当回事，人扭伤后使用石膏固定 1~2 个月。

科学的方法是，人们必须正确地对待踝关节扭伤，但绝不是长期静养！

有这么一位伤者，女性，50 岁，2020 年国庆节期间扭伤，在附近的三甲医院拍片未见骨折，被告知如果感觉疼痛就少走路。之后两周，她拄拐活动，皮下瘀斑渐散。但她走路依然感到疼痛，休息时就不觉得痛。她自以为踝关节没有愈合好，就尽量少走路，于是走得越来越少。来诊时，她扶着拐，自述只能连续走 100 m，已数月未出门。检查后发现，她的伤踝不肿，外侧压痛不明显，重复受伤动作没有引起明显不适，反而是内踝和前足有压痛。最明显的问题是，她受伤的下肢的大、小腿肌肉明显萎缩，大腿髌骨上 10 cm 周径较健侧细近四分之一，单腿无法站立。X 光片显示，她的踝足骨质疏松。MRI 检查结果显示，她的内踝、舟骨和距骨有骨髓水肿的现象。

回顾这位伤者的病史，我们应该吸取其过度保护的教训。

其实踝关节扭伤一般 3 周左右就可痊愈了，此时必须恢复运动和负重，即使踝关节疼痛、肿胀也要坚持锻炼。这位伤者的问题实际上是她害怕疼痛和损伤而盲目休养所致。笔者在门诊经常可以看到这种病例，希望大家能够引以为戒。

了解这位伤者的情况之后，笔者随即进行现场指导，患者当时可以单腿交替站立。笔者又分别给予其针对踝部、下肢、全身的运动处方。2 周后复诊，这位伤者没有拄拐，疼痛感也有所缓解，也增强了战胜伤痛的信心。2 个月后，患者肌肉力量有明显恢复。

因此，人的踝关节扭伤后应该到运动医学或足踝专科门诊就诊。人的踝关节扭伤后不能长期静养，因为盲目静养会引起肌肉萎缩、骨量减少。

4. 跑步后膝关节疼痛，如何决定能否继续跑？

下面是一位有经验的跑步者的经历。

他在 2015 年 4 月底初跑 5 km 时，踝关节、髋关节都有强烈的酸痛感，尤其是双膝关节膝盖骨正前沿和外侧在跑后强烈疼痛。根据他多年进行专业运动训练的经验，他知道这是因为关节周围韧带及肌肉突遭高强度刺激所引起的正常反应，这种反应就是由于这三个关节长时间没经历过长距离、长时间、高频率的肌伸缩锻炼，所以产生了应激反应。

然而，他并没有停止 5 km 跑步，既要加强踝、膝、髋三个关节周围肌肉的针对性训练，又要延长跑距至 10 km。经过持续双刺激积累，他发现以前膝无力、膝不稳、膝疼痛完全消失了。他跑过马路、石地、塑胶、草地、泥地、沙滩、沙漠等不同路况,挑战过 5 km、10 km、半程马拉松、全程马拉松、50 km、100 km 等各种距离。他的双踝、双膝、双髋动力很足,也出现过运动损伤,但如今依然保持月跑量 200 km。

笔者认为,对于普通跑步者而言,跑 1 天休息 1 天,每周 3 次 5~10 km 有氧慢跑即可,既减肥塑形,又愉悦身心,没必要每天高负荷跑步,除非有人想以跑马拉松谋生,或者想不断挑战个人运动极限。

正常跑步者可以参考的跑速数值是:年轻人 4~5 min/km,中年人 5~6 min/km,60 周岁以上老者 6~7 min/km。跑步者一个月跑 10~15 次,每次 5~10 km 即可,当然年轻人可以跑多一点,参加马拉松比赛的跑步者也可适当跑 20 km、30 km 备赛,这样的运动负荷、运动方式对膝关节损伤概率较小,反而有利于改善关节平衡,降低运动伤害风险,如果再加上针对膝关节的力量刺激就更理想了!

5. 跑步后膝关节疼痛怎么办?

跑步后膝关节疼痛的原因有很多,不能一概而论,而要根据跑步者的年龄、性别、运动情况等具体分析。

"跑步膝盖疼""跑步百利唯伤膝"是伪命题!

科学跑步不仅不伤膝盖,还有利于延长膝关节使用寿命。国际上久负盛名的权威医学期刊《骨科与运动物理治疗杂志》发现,竞技跑步者的关节炎发生率为 13.3%,久坐不动人群的关节炎发生率为 10.2%,而跑步者的关节炎发生率仅为

3.5%。过量和高强度的跑步可能会引发关节问题，但对于普通跑步者来说，跑步是有利于关节健康的。

研究人员指出，坚持跑步10年、15年，甚至更久，对膝盖和髋部健康大有益处。久坐或者不跑步的人患膝盖和髋部关节炎的风险会更高，而过量或高强度的跑步也可能会引发关节问题。

那么，跑步后膝关节疼痛是怎么一回事？

很多人跑步后膝关节疼痛，其实是因为平时锻炼太少，膝关节周围肌肉、韧带力量不足，所以偶尔跑一下，相对于自身耐受力来说，膝关节压力过大，不能维持稳态、缓解冲击，进而出现肌腱韧带周围或附着点的炎症，或者引起滑膜炎，产生一定的酸胀和疼痛感，有的还会产生积液，但不会很严重，一般情况下减少跑量或休息2天就可以恢复。人体有一定的自我修复能力，轻微的疼痛和损伤通过休息和保养，自身就会修复。

按照系统理论，要从普通稳态（跑前状态）上升到高级稳态（跑后状态），必然要打破原来的平衡。各部位、各环节必须同时提高水平才能上升并维持新的高级稳态。这个过程是痛苦的，也是必然要经历的，所以人不能一出现疼痛感就以为是受伤了，就不敢跑步了。只要没有明显的外伤史，跑后疼痛无须过度焦虑。跑步后，人感到膝关节周围疼痛，这并不意味着膝关节受伤，经过短期休息待疼痛缓解后，就可以减量继续跑，慢慢培养耐受力，疼痛感就会减轻，跑步能力也会有所提高。初跑者重复这种经历3次以上，基本就不会再痛了。

适当的运动能让关节得到锻炼，关节的韧性、抗压能力都能够得到提升。不过，如果人长期超负荷运动，膝关节的软骨来不及修复，日积月累就会积劳成疾，可能导致局灶性的软骨软化及破裂。软骨无法自我修复，会引起关节退变，诱发膝骨关节炎。

6. 跑步后膝关节疼痛的原因分析

膝关节疼痛的常见原因分三大类：自身因素、运动因素和环境因素。

（1）自身因素

跑步后膝关节疼痛常见于膝关节外侧和前侧。跑步后膝关节外侧酸痛、胀痛，有人称之为"跑步膝"，产生疼痛的原因是髂胫束过于紧张，人在跑步时膝关节反复屈伸，髂胫束和股骨外踝反复摩擦，产生炎症，出现充血、水肿、疼痛的症状。臀中肌薄弱往往会造成膝关节内扣，也会引起膝关节外侧摩擦。解决膝关节外侧疼痛的方法就是放松紧张的髂胫束和训练薄弱的臀中肌。

膝前痛的病因主要有两种，髌腱炎和髌骨软化。人跑步后感觉膝盖疼痛，稍作休息后痛感缓解，这种疼痛点常在髌腱附着点处，并且伴有压痛，一般会被诊断为髌腱炎。髌腱炎主要是由股四头肌过度紧张引起的。牵拉放松股四头肌是必要的，同时加强下肢的锻炼，通过深蹲来提高下肢特别是臀肌的力量。因为臀肌是跑步的"发动机"，臀肌薄弱，过分使用前方的髂腰肌，股四头肌紧张，呈现收缩紧绷的状态。如果是膝前痛，特别是上下楼，负重时加重，呈比较严重的刺痛，寒冷时痛感加重，这就要小心是否为髌骨软化了。髌骨软化是骨性关节炎的前兆。笔者推荐的解决方法是减少运动量，训练静蹲，增加下肢的稳定性，待疼痛缓解后恢复运动。慢跑对于膝前痛有比较好的预防和治疗效果。如果人平时很少上下楼梯，也要适当爬爬楼梯，进行适应性练习。当人出现膝关节疼痛时，千万不要认为不能再跑步，只能进行骑自行车或者游泳等非负重锻炼。有文献报道，踝关节强化训练方案可以改善膝骨关节炎患者的临床疗效。研究表明，增强髋关节和膝关节的肌肉力量在减轻疼痛和增加下肢力量方面是有效的，但是对膝骨关节炎（knee osteoarthritis, KOA）患者在行走中的负荷没有减少。加强足踝肌肉训练可以改善膝骨关节炎患者的关节功能，并减轻髌骨关节疼痛。一项为期8周的治疗足踝运动计划改善了步态中的疼痛，减轻了膝关节负荷，减少了患者的药物摄入量。①

另外，跑姿不正确，跑步时没有充分地伸髋、摆腿，而是踮脚跑，落地没有缓冲，都会给膝关节施加过大的压力，引起关节周围组织应力增加，导致疼痛。造成膝前痛的其他可能因素还有老年人和绝经后妇女骨质疏松性骨折、运动员疲劳性骨折，以及运动诱发加重的类风湿性关节炎、风湿性关节炎、痛风。出现这些情况的患者需要在运动医学医生的指导下进行适当训练。

（2）运动因素

运动前没有热身，运动强度过大，运动量过大，运动后没有放松休息，往往会造成膝关节周围的肌肉酸痛、疲劳。虽然问题不大，但是久而久之这些小问题就会变成上述的几

---

① Dantas, G., Sacco, I. C. N., Watari, R., et al. Effects of a foot-ankle strengthening programme on clinical aspects and gait biomechanics in people with knee osteoarthritis: Protocol for a randomised controlled trial [J]. *BMJ Open*, 2020 (10): 1-8.

种大问题,因此不容忽视。运动前,人们需要根据自身的能力调整运动时间、运动量、运动强度,按照运动程序做好热身活动。

热身活动

(3) 环境因素

地理环境和气候环境都会与运动刺激一起对人体造成一定的影响,如缺乏日照、水中运动会诱发骨质疏松,道路坚硬不平、跑鞋不合适会增加冲击力,寒冷环境下需要进行更长的时间热身活动,夜跑会增加损伤风险,等等。

那么,在运动前如何选择一双合适的跑鞋呢?

一般而言,跑步时正常足弓应选择缓冲型或者稳定型跑鞋,低足弓应选择稳定型跑鞋,平足或有踝扭伤的足弓应选择控制型跑鞋。

控制型跑鞋适合慢跑者,材质较重;缓冲型跑鞋适合初学者和体轻者,材质较轻;稳定型跑鞋适合长跑者,材质介于前两者之间。

通常情况下，跑 800~1 000 km 后就应当更换跑鞋了，因为如果时间长了，跑鞋缓冲、稳定和控制的功能就会下降，甚至完全丧失。按照人一天跑 6 000 步或 5 km 计算，一双跑鞋大概可用 8~10 个月。因此，笔者建议交替使用 2~3 双跑鞋，这样能延长跑鞋的"寿命"。

7. 高山症和失温症是高海拔登山最大的挑战

2020 年 5 月 27 日 11 时，珠峰高程测量登山队成功登上珠穆朗玛峰峰顶，完成峰顶测量任务。

第二批从北坡登峰的队员中有一位苏州姑娘，名叫刘萍。她是世界上为数不多的从南北两侧两次登上珠穆朗玛峰的女性之一。笔者在与她及其他户外登山爱好者的交流中了解到，高山症和失温症是户外高海拔登山的两大危险因素。

高山症是人在高海拔状态下由于氧气浓度降低而出现急性病理变化的表现。它通常出现在海拔 2 500 m 以上，其发生概率和严重程度与人登山的速度有关。当人登山的速度超过其适应能力时就会出现高山症。急性高山症的表现是头痛、恶心、头晕与失眠。如果出现此类状况，就应给予病患氧气帮助，并尽快送其下山。如果病患继续硬撑下去的话，则会出现肺水肿与脑部水肿等严重并发症，甚至死亡。

失温症是登山活动中非常危险且致死率较高的疾病。一旦登山者进入失温状态，极有可能在数小时之内死亡，因此当我们遇到失温状况时，一定要立刻采取必要的措施。一般而言，人体体温在低于 35 ℃ 的情况下，就会有失温的危险；

在32℃以上，人体仍有对抗低温的能力，一般会以发抖、心跳加快、血压升高等方式让体温升高。然而一旦体温降至32℃以下，人体对抗低温的机制就会失效，患者意识会模糊，肌肉会开始不受意志控制，患者甚至会出现失去意识或者休克等紧急情况。

8. 儿童创伤性脑损伤

运动时，人发生创伤性脑损伤的风险很高，尤其是涉及人与人之间相互接触和碰撞的运动。美国国家卫生统计中心的一份报告显示：美国每年平均约有860万次与运动和娱乐有关的损伤事件。在这些损伤中，5~24岁的患者占65%，其中5~14岁的儿童占比最高。之前有研究表明，到急诊科就诊的创伤性脑损伤患者有60%~90%是儿童。尽管有报道称这一数据自2012年以来趋于平稳，但在此前一直持续大幅度增长。

创伤性脑损伤会导致患者严重残疾，具有重要的临床意义。虽然大多数有头部外伤的儿童不需要治疗，但一些儿童的颅内损伤具有重要的临床意义。与成人相比，儿童更容易受到头部损伤，因为儿童的头部较大，颅骨较软，颈部肌肉较弱，皮层较薄。因此，创伤性脑损伤会极大地影响儿童大脑的成熟和智力的发育。即使是轻微的脑震荡，以及头痛、头晕和注意力不集中的症状也会影响儿童的运动功能。

曾经有关于高中和职业运动员创伤性脑损伤的研究，但几乎没有关于儿童的相关研究。此外，大多数研究集中在成年人中流行性运动所引起的脑损伤。然而，儿童所进行的运动类型更为多样化，不同的运动类型所产生的与运动相关的创伤性脑损伤的特征可能存在差异。总的来说，与运动相关的创伤性脑损伤中，儿童的病理特征和转归的相关研究仍然较少。

附：运动处方技术防治运动损伤的专家建议

随着大众健身和竞技体育的蓬勃发展，国民的身体素质在逐步提高，但由于缺乏科学指导，运动损伤发生率也越来越高。若专业运动员受伤后，诊断、治疗不当，还极易再次出现损伤并加速相关组织退变，转变为慢性损伤，严重影响其竞技水平的提高与全民健身的普及。防治运动损伤已成为当前运动医学研究的重点。

我们在临床中已经发现，研究和分析损伤的根本原因并对运动要素进行调整或进行一定的动作干预，可以有效地预防运动损伤复发并阻止其朝慢性化方向的发展。关于运动处方作为指导运动有效手段的研究较多，而且在运动促进健康方面也卓有成效。利用运动处方对运动要素进行调整的思路和方法，结合动作干预技术，对运动损伤进行预防和治疗，形成防治运动损伤的运动处方技术。本文将对该运动处方技术进行全面的介绍和讨论。

（1）运动损伤的流行病学

近年来，伴随着运动促进健康理念的普及，参加体育运动的人越来越多，运动损伤的发生率呈现持续升高的趋势。在一项针对 2005—2008 年美国 5 627 921 名高中生运动员的调查中，数据显示这些高中生运动员中有 13 755 人受伤，即每 10 000 名高中生运动员中约有 24 人受伤，复发性损伤占所有损伤的 10.5%，其程度较原发性运动损伤更为严重，并呈现慢性化发展趋势,这给社会带来极大的经济负担。① 关于运动损伤类型的统计发现,足球运动员的复发率最高(每10 000名高中生运动员中有4.36人受伤)。② 针对足球运动中复发性损伤的部位主要有足踝(28.3%)、膝(16.8%)、头部(12.1%)、肩(12.0%)、下背部(6.4%)和大腿(5.6%)等,比较常见的是韧带损伤(34.9%)、肌肉拉伤(13.3%)和脑震荡(11.6%)等。研究还发现,膝关节损伤是导致高中体育运动相关手术的首要原因,所以膝关节损伤也被称为最昂贵的运动损伤之一,往往需要进行手术和长期昂贵的康复治疗。③ 目前国内运动损伤发病率占10%~20%,并且逐年升高,这与美国等部分发达国家发病率接近。运动损伤已成为流行病和慢性病。

(2) 运动损伤诊疗现状及存在问题

对于运动损伤,目前临床上比较重视早期的临床诊断和急性期的对症治疗,而对对因治疗和预防再复发重视不够,例如,在治疗踝关节扭伤时仍然单一地使用RICE原则,即休息(Rest)、冰敷(Ice)、加压(Compression)、抬高患肢(Elevation),并常常使用一些止痛药或采取其他止痛措施。虽然这对损伤的急性期有一定效果,有利于缓解患者的疼痛,但这也会导致患者的肌肉萎缩和运动能力下降,盲目止痛会

---

① Fuller, C. W. Injury Risk (Burden), Risk Matrices and Risk Contours in Team Sports: A Review of principles, practices and problems [J]. Sports Medicine, 2018 (7): 1597-1606.

② Swenson, D. M., Yard, E. E., Fields S. K., et al. Patterns of recurrent injuries among US high school athletes, 2005-2008 [J]. American Journal of Sports Medicine, 2009 (8): 1586-1593.

③ Ingram, J. G., Field, S. K., Yard, E. E., et al. Epidemiology of knee injuries among boys and girls in US high school athletics [J]. American Journal of Sports Medicine, 2008 (6): 1116-1122.

影响患者身体的保护机制而加重损伤。目前，业界对患者疼痛缓解或损伤治愈后有效预防疾病再复发重视不够，且尚无规范的防治手段。这就为患者再次损伤埋下隐患。例如，球拍运动的伤害模式在不同球员之间的表现有明显的不同，但临床症状可能基本相同。如果医生不进行根因分析和对因治疗，只拘泥于对症治疗，即使给患者使用止痛剂，也不能让患者的疼痛不再复发。

（3）运动损伤的临床特点

① 发病部位

运动损伤不仅容易发生在专业运动员中，也常见于普通健身人群。人的全身各个关节均可能受伤，常见的有膝关节半月板损伤、关节软骨损伤、交叉韧带损伤、髌骨关节损伤、肩袖损伤、肩关节脱位、肩峰撞击、大关节滑膜炎、腰部和大腿肌肉损伤、腱病、网球肘等。

② 损伤原因

通常情况下，损伤原因较多，主要有力量不足、过度疲劳、不良运动方式与动作习惯、肌肉协调性差、环境或工具不适应及其他因素。以网球肘损伤原因为例，可能是伸腕、伸指或旋后肌等伸肌肉力量不足，也可能是准备活动不充分、训练强度大、速度快、时间长及休息不足导致过度疲劳；可能是伸、屈肘，伸、屈腕肌肉协调性差，可能是非核心肌发力习惯问题，也可能是运动场地、运动器材等问题；可能是与年龄、损伤史、手术史、治疗史、受教育程度及家庭背景等有关。

③ 病理特点

运动损伤根据损伤病程可分为急性损伤和慢性损伤。急性损伤有明显的症状和体征，如局部肿胀、疼痛及功能障碍；

影像学通常有明显的阳性表现,如 MRI 检查时会发现骨与软组织的水肿或不连续信号。慢性损伤主要表现为肌肉萎缩、关节功能障碍及不同程度的慢性疼痛。

④ 转归和预后

一般地,运动损伤后期会呈复发性和慢性化发展趋势。复发损伤的始发部位及性质一般与始发损伤相同,但损伤程度常较始发损伤更为严重,且与后续损伤风险的增加密切相关。通过对因治疗和运动指导可以有效防止损伤复发。作为运动损伤的特殊群体,儿童和青少年正处于生长发育的关键期,其运动损伤机制及危险因素也有别于成人,所以早期干预有助于青少年正常发育及减少其成年后的运动损伤,有效阻止运动损伤呈复发性和慢性化发展趋势。

(4) 运动处方技术

针对运动损伤者采用运动处方的形式,结合动作指导,达到治疗运动损伤和预防运动损伤复发的效果,称为运动处方技术。在医院由临床医生开具的运动处方称为运动医学处方。运动医学处方技术是以追踪病因为主的临床医学思维,以调整运动处方相关要素和动作指导的形式,治疗运动损伤和预防运动损伤复发的技术。运动医学处方技术保障运动者在出现运动损伤后,通过调整运动要素,最大限度地保持运动者的运动能力;待运动者的运动损伤好转或临床治愈后,避免其进一步损伤或损伤呈复发性和慢性化发展趋势。

运动医学处方不同于普通运动处方。普通运动处方指导人们有目的、有计划地科学锻炼,有很强的针对性、目的性、选择性和可控性。1969 年,世界卫生组织开始使用"运动处方"术语,运动处方在国际上得到认可,在缺乏运动导致的慢性病防治过程中具有不可或缺的作用。运动医学处方既吸收了普通运动处方的形式，又赋予了其临床化和技术化的特点。临床化主要表现为两点：其一，处方者需具备扎实的医体融合基础理论，仔细询问患者的病史和运动史，严谨地对患者进行体格检查，能熟练应用各种临床辅助检查技术；其二，处方者需要综合判断运动损伤的根本原因，与临床诊疗思维相结合，有针对性地对各处方要素和动作习惯做出精准的调整和指导。技术化主要表现为通过提供调整运动处方相关要素和动作指导服务，防治运动损伤复发，为患者、医院和社会带来经济效益。这是一项高技术含量的医疗服务。

（5）运动处方技术的诊断与评估

提供一张有效的运动医学处方，不仅需要明确的诊断，而且需要评估损伤的根本原因。运动损伤的根因分析区别于结果导向思路，必须兼顾患者及其运动的全过程。医生通过问题表象查找根本原因，最终确定问题关键。因此，医生需要对患者的运动史、损伤史、运动能力和损伤部位进行深入的评估。

① 运动史评估

医生询问患者平时的运动状态和习惯，了解其在运动中的各个相关要素，如运动方式、运动频率、运动时间、运动强度、运动总量、运动进阶情况，有助于发现患者不合理的运动要素。

② 损伤史评估

医生追溯患者多次损伤的过程，找到共同的损伤机制，有助于发现与动作相关的关键损伤因素。

③ 运动能力评估

医生通过患者的体格检查情况，如体姿、体态、体能等综合评估其运动能力。影像学检查可以发现结构畸形、组织水肿、肌骨成分与体积改变等问题；血液学检查可以发现血生化酶、激素水平等变化；静力学、动力学、运动学等生物力学测试可以进一步了解肌肉、关节和神经调节的能力。

④ 损伤部位评估

医生先确定患者的损伤部位，有助于患者的早期诊断和治疗。一般地，医生会通过询问患者的病史并对其进行体格检查，再借助影像学评估，可以确定患者受损的骨与软组织等结构，比如跟腱腱病的评估，最常见的是腱周炎，其余的则是肌腱炎等。更重要的是，确定根因部位，有助于进行预防性调整，给出运动处方，如患者在完成某个特定动作时反复出现踝关节扭伤，可能是核心肌某处功能不协调，这就需要定位这处核心肌，进行调整训练。

（6）运动医学处方的制定

有统计表明，仅 5%～10% 的运动损伤需要手术[①]，其余的伤者通过科学合理的保守治疗便可以获得满意的效果。运动医学处方技术作为防治运动损伤的有效手段，必然会在临床上被广泛使用。

① 急性损伤运动处方技术要点

在不影响原发损伤的前提下，鼓励患者适当运动，预防肌肉萎缩和关节活动受限。建议患者缩短运动时间、降低运动强度、增加运动频次，这也有助于消肿止痛。一般不推荐患者使用止痛剂，要重视疼痛对损伤部位的保护作用。如果疼痛影响了睡眠，则需要止痛剂的帮助，因为优质和充足的睡眠有助于患者损伤的修复。例如，患者的踝关节损伤可以

---

① Lynch, S. A., Renstorm, P. A. Treatment of acute lateral ankle ligament rupture in the athlete [J]. *Sports Medicine*, 1999 (1): 61-71.

运用 POLICE[①] 原则，即将原先的 RICE[②] 原则中的休息（Rest）调整为保护（Protect）下的适当负重（Optimal Loading），体现了运动医学功能至上的理念。

② 慢性损伤运动处方技术要点

调整运动项目有助于患者保持其运动状态。在急性损伤处理措施的基础上逐渐增加患者的运动强度和运动总量。患者可以通过有氧运动增加心肺耐力，如慢跑、游泳、骑车等；可以通过专项力量训练有针对性地恢复由于减少活动而引起的肌肉萎缩；可以通过拉伸训练改善关节的活动和肌肉肌腱的柔韧性。当患者的损伤修复和力量增加后适时恢复原运动项目，一般软组织损伤修复时间在 3 周左右，注意遵守循序渐进的运动原则。

③ 预防性运动处方技术要点

基于根因分析结果精准调整运动处方要素，有针对性地推荐运动种类和运动总量，有针对性地改变原运动和动作习惯。

运动损伤人群可以分为三大类：运动不足人群、运动过度人群和运动不当人群。运动不足人群损伤治愈后需要增加运动量，一般会先进行有氧运动，有一定耐力后，比如能够连续慢跑 5 km 后，再增加力量训练和柔韧性训练。运动过度人群需要减少运动总量，科学安排运动时间，加强对运动疲劳的医学监督。运动不当人群需要调整运动方式和动作习惯，例如，超重者不适合跑步和跳绳，快走和游泳是其首选的有

[①] POLICE：保护（Protect），适当负重（Optimal Loading），冰敷（Ice），加压包扎（Compression），抬高患肢（Elevation）。

[②] RICE：休息（Rest），冰敷（Ice），加压包扎（Compression），抬高患肢（Elevation）。

氧减重方式；又如，羽毛球爱好者经常出现反复性跟腱炎，治愈后疼痛减轻或消失，一般不再进行羽毛球运动后就不会出现此现象了，但是如果需要继续进行羽毛球运动，就必须对跟腱损伤进行根因分析，依据结果调整习惯动作，否则病情复发后会导致跟腱断裂。

(7) 小结

如今，运动损伤的发生率越来越高，防治运动损伤是运动医学研究的主要课题。该课题要求从预防运动损伤复发的角度，运用运动处方的制定思路，结合临床医学思维，将医体融合推向更高的高度。运用运动医学处方技术防治运动损伤有助于减少运动损伤的发生和复发，在临床推广上具有重大意义。这主要适用于肌骨系统运动损伤的防治，供临床医生在诊治过程中参考，不具备法律功效。目前，在该领域的研究尚且不足，其观点也会随着诊治技术、实验研究的进步而不断完善。

七、桩跑基本篇

1. 你会跑步吗？

虽然人天生就适合跑步，但不是人人都会跑步。

有一种错误的观念认为，人人都会跑步，就像人生来会吃饭一样，不用学习，不需要专业人员辅导，自由锻炼即可。但就像吃饭一样，人吃饱饭没有问题，能不能吃出健康就不一定了。如果人想通过运动达到健身目的，需要遵循一定的规律和规则。倘若人随意为之，就会出现许多问题，轻则事倍功半，重则损伤致残。

笔者认为，会跑的标准是能够轻松、连续、慢跑 5 km。此处的轻松是指呼吸不喘、落地无声，这是对技术的要求。如果一跑步就喘，说明跑步者不会腹式呼吸；如果跑 1 km 后脚下声音越来越沉重，说明跑步者不会使用核心肌跑步，这两点是不会跑步的跑步者常出现的问题，学会并养成正确的跑步习惯是首要任务。根据有氧运动的要求，人若想提高心肺有氧能力必须保持一定的运动强度。慢跑才是跑步的精髓。慢跑时，跑步者的目标心率须保持在中等强度。

慢跑时，跑步者的速度要慢，使身体能够跑更长时间，从而让心肺得到足够锻炼。一旦跑步者会跑了，就会有跑得更快的想法，这时就要调整跑姿跑态、步频步幅、爆发力、

协调性和肌耐力等;还要学会疲劳修复、营养支持、心理调适,争取跑得更好。

成为中级跑步者的标志是学会使用核心肌。有一种跑步方式叫"桩跑",专门训练核心肌。桩跑是一种专门为适应当代人生活方式创立的新型跑步方式。它是将跑步与站桩相结合,将"桩"之精华融进"跑"的姿态,在当代科学研究的基础上,对跑姿、跑态做了新的调整,为当代人提供了更加高效的健身与养生手段。在跑步中,人可以修炼"桩"之养生,中西合璧;在桩法上,融入"跑"的动感,古为今用。因此,桩跑这种新型的跑步方式不仅可以锻炼身体的肌肉,增强呼吸功能,还可以放松精神,缓解大脑疲劳。因此,桩跑既有利于儿童的健康成长,又有利于老年人延年益寿。

以下四种非核心肌跑姿有别于桩跑:

第一,跑步时,总想着是脚尖先落地,还是脚跟先落地。

第二,跑步时,双脚落地声音过大。

第三,双臂不是随着身体自然摆动,而是以摆臂来提高跑速。

第四,跑步的步幅过大,跃起太高。

所以说,人虽然天生就适合跑步,但不是人人都会跑步,也不是人人都能一直保持可持续运动的能力。养成慢跑习惯,学会桩跑,既能节约体能,又能保持耐力,避免受伤。

2. 桩跑基本姿势

对跑步者而言,桩跑姿势不正确,不仅达不到理想的健身效果，还有可能给身体带来损害。因此，笔者在这里介绍一下桩跑姿势和呼吸方式，供大家参考。

(1) 脊柱姿势

从前后位看，头颈、胸背、腰臀垂直于地面，不向两侧摇摆，头向上提引而不旋转或摇动。

从侧面看，身体呈一直线，略向前倾，挺胸拔背，与站桩有异曲同工之妙。站桩就和练平板支撑一样，练的是全身的肌耐力。这个过程需要肌肉在同一状态下保持比较长的时间，只有姿势正确才能保持更长的时间。正确的姿势包括顺畅的腹式呼吸，以及使各核心肌保持在平衡稳定的功能位状态。

(2) 上肢姿势

双上肢自然垂肩、屈肘，上肢带骨（肩胛骨和锁骨）与胸廓尽量不要发生相对运动，而是以腰椎为轴，在背阔肌作用下有节奏地左右旋转。在保持头不旋转的姿势下，颈、腰旋转，稳定肌左右交替工作。

(3) 骨盆姿势

收腹、挺腰，让骨盆处于自然中立位。随着髂腰肌与臀肌的交替收缩、拮抗，骨盆在冠状位有节奏地左右旋转，带动下肢交替向前。这个部位是跑步的"发动机"。

(4) 下肢姿势

下肢挂在骨盆上自由地向前摆动，特别是小腿和双足尽量不要发力。双足自然落地，只给身体前移提供一个支点，不要在意足的哪个部分先着地。自然（包括步频、步幅、落点自然）移动重心，使跑步变得流畅而有弹性。

(5) 呼吸方式

自然的腹式呼吸是桩跑的基础。自然就是不需要总想着吸气时有没有把腹部鼓起来,呼气时有没有收缩腹肌。如果一开始学不会腹式呼吸,需要有意识地锻炼,直到养成习惯。在练习腹式呼吸过程中不需要过分关注身体姿势是否标准,但要集中注意力。呼吸时,最好用鼻子呼吸,如果身体疲劳了可以小口辅助呼吸,避免大口呼吸。

3. 为什么要桩跑?

如果跑步者习惯了桩跑,就能发现身体出现了很多积极的变化。桩跑可以让跑步者的身姿更加挺拔,全身充满活力;可以防治包括损伤后各种原因引起的肌肉萎缩和骨质疏松;可以防治颈椎病、腰突症、脊柱侧弯引起的颈肩腰腿痛;也可以防治各种静坐少动导致的诸如肿瘤、糖尿病、肥胖、高血压、高脂血症等慢性疾病。

(1) 矫正身姿

经常保持低头驼背坐姿的人,不仅背部看上去是圆的,肩、颈还会向前探出,久而久之,背部肌肉长期拉伸,变得越来越僵硬,这样的状态也变成了常态。很多腹肌力量较弱的女性,为了保持优美的身姿,会过度使用腰部力量,导致腰部过度前屈,骨盆前倾。乍看上去,这些女性好像腰板挺得笔直,但仔细观察就会发现,其腰部处于过度向前挺起的状态。有的人走路时双腿会向外弯曲,有的人走路时是从大腿根部就开始向外张开,也有的人走路时是从膝盖部位开始向外张开。究其原因,女性大多有骨盆松弛的问题,男性大多从事过格斗类工作,使大腿外侧肌肉拉伸力量过强。学会桩跑，人们会自然而然地做出挺胸拔背的正确姿势。体姿体态是人们日常工作和生活的物质架构，保持正确的姿势，不仅能使工作效率更高，还能使身心保持健康。

（2）消耗热量

躯干部位的大肌肉群是耐力肌群，可以适应长时间的有氧运动，也可以消耗人体大量的热量，增强减肥效果。

（3）降低负荷

如果有效利用躯干核心肌发力，能够减轻膝关节等负重关节的负担。不仅走路、跑步会变得轻松，而且原来的疼痛和疲劳感也会大幅度减轻。

（4）平衡躯干

椎间盘退变是人体衰老的开始，颈椎中位和腰椎下位的几个椎间盘是常见的退变部位，因为这两个部位活动负荷量较大，而维持稳定机制的脊柱周围的稳定肌不能提供足够保护。预防的思路就是减少过大、过多、过于频繁的刺激，积极增加稳定肌的锻炼，保持躯干平衡。桩跑正是这个思路的产物。

（5）防治疼痛

加强颈、腰稳定肌的锻炼，不仅有利于脊柱的稳定，也有利于防止椎间盘退变，防治颈肩背、腰臀腿疼痛。通过躯干均衡地支撑体重，能够缓解颈部和腰部的紧张状态，预防肩颈僵硬和腰痛。

（6）提高耐力

笔者认为，对于肌耐力而言，有意义的不仅是单位时间内重复某个动作的次数，还有维持正确姿势的时间长短。通过提高维持坐姿和站姿肌肉群的耐力，不仅有利于形成优美身姿，还有利于防治肌肉劳损。

2. 隐性肥胖是健康杀手

一位身高178 cm、体重55 kg的男辅警，腰酸背痛数月后才去医院就诊，31岁就患上脂肪肝。他自述想要变得魁梧一点，以符合民警的形象，于是经常做一些肩胸部的力量锻炼，有时能做10个引体向上。该辅警看起来身材苗条、健谈、乐观，但他经常加班，总吃夜宵，喜欢吃各种零食。他认为反正自己在运动，也需要营养，就放开胃口吃，结果没吃出肌肉，却吃出了脂肪肝，只好上医院就诊。

笔者在询问该辅警的运动史并对其进行体格检查后，发现他运动极不规律，有时候一周也不运动一次；而且运动项目不全面，只做力量训练，不做有氧运动。因此，他只关注上半身的训练而忽视腰腹部的训练，导致腰腹部力量和耐力相对较差，且运动方式不规范，动作不到位，把引体向上当成有氧运动去做，导致身体出现腰酸背痛的症状。

该辅警代表了当今部分年轻男性，也给我们引出了一个关于隐性肥胖的话题。

隐性肥胖是肥胖的一种，主要是指一个人看上去身材匀称，但肝、胰、胃、肠道等内脏周围和内部已经堆积了不少脂肪。内脏脂肪主要存在于腹腔内，诸如肝、胰、胃、肠道等器官的周围和内部。隐性肥胖的明显表现是腹部肥胖。虽然人的体重正常，但隐性肥胖暗藏危机，会导致雌激素和炎性因子异常增高，从而诱发心脑血管疾病、糖尿病、癌症（男性前列腺癌、女性乳腺癌和子宫内膜癌）等慢性疾病。一

4. 如何含胸拔背？

正确的站姿和坐姿就应该含胸拔背，如二胡演奏者、钢琴演奏者的标准坐姿就是典型的含胸拔背，以含胸拔背的姿势与均匀的气息配合来推弓拉弦、触动琴键、按音揉韵；如指挥者、演唱家的标准站姿是以含胸拔背的身法，通过手势和眼神，传递情感信息，时而含情脉脉，时而激越奔放，时而细流涓涓，时而大江翻腾；如书画家在含胸拔背的同时，沉肩、坠肘、悬腕，运笔走势亦是如此。很多运动姿势也要求含胸拔背，如骑车、举重等，更不要说练拳了。

所以，人们要想深刻理解含胸拔背，不仅可以在站桩中去摸索、去领悟、去感觉、去意会，还可以从生活中去联想、去想象、去体会。含胸拔背源于生活、源于实践，经过无数养生家、健身者的思考与提炼，以及在实践中的不断完善，为健身锻炼提供了有效的指导和参考。

太极拳的身法很多，对含胸拔背尤为重视。《太极拳术十要》中描述为："含胸者，胸略内涵，使气沉于丹田也。胸忌挺出，挺出则气涌胸际，上重下轻，脚跟易于浮起。拔背者，气贴于背也。能含胸则自能拔背，能拔背则能力由脊发，所向无敌也。"

人们采用含胸拔背的方式有利于腹式呼吸，可以在不增加呼吸频率的情况下，加强呼吸的强度和深度，避免运动中急促气喘的现象。含胸是指两侧肩胛骨不要过分靠近脊柱，适当前旋一些，保持在中立位，为上肢发力留有空间。含胸是胸部的"蓄势"，其不同于凹胸的紧张内收，一般都是胸部平正，不凹不凸。拔背是指脊柱的胸段保持伸直位，打开胸腔，这样就可以自然地形成横膈式深呼吸，含胸时胸部也有宽舒的感觉。含胸与拔背并叙是为了防止拔背时肩胛骨靠得太近。

太极拳

杨氏太极传承人杨澄甫将含胸与拔背合二为一，提出"含胸拔背"之说，这完全符合机能解剖学原理。然而，因人们习惯于非标准坐姿和站姿，使得含胸并不简单，拔背也非轻而易举。因此，笔者给出一些指导，以便大家在练习中少走弯路。

附：中立位与功能位

中立位是指肢体处于整个关节活动范围的中间位置，如前臂可以旋前也可以旋后，那么不旋前、不旋后的位置就是中立位。有些部位的中立位就是功能位。

人体解剖中立位是指身体直立，面向前，两眼平视正前方，两足并拢，足尖向前，双上肢下垂于躯干两侧，掌心向前。

功能位是指能使肢体发挥最大功能的位置。它是依据该部位功能的需要而综合考虑得出的一种位置。人体各大关节的主要功能位（中立位为0°）如下：

肩关节：外展45°，前屈30°，外旋15°。

肘关节：屈曲90°左右。

腕关节：背屈20°~30°。

髋关节：外展10°~20°，前屈15°~20°，外旋5°~10°。

膝关节：屈曲5°~10°，儿童可用伸直位。

踝关节：功能位也是中立位，不背伸或跖屈，不外翻或内翻，足底平面不向任何方向偏斜。

5. 站桩必须腹式呼吸吗？

笔者认为，健身练功，站桩是基础。

站桩是以核心肌为主的维持人体姿势、稳定肌肉的最佳耐力训练项目。

桩姿就是使人体保持功能位，也就是各关节维持平衡稳定状态的位置。在这个位置上可以做很多日常动作，比如含胸拔背就会使坐姿优雅舒适。站桩位适合练习深呼吸，传统医学认为练习深呼吸可以使气血顺通、阴阳平衡。站桩的基本要求是"自然而然"，思想专一而宁静，身形中正而安舒，呼吸均匀而悠长。练习时，人们要避免受外界影响，着装最好选择宽松、吸汗的衣服。因为相比于其他锻炼方式，站桩会使身体更有安全感，所以站桩更适合老年人或疾病恢复期的患者。

七、桩跑基本篇

那么，站桩如何呼吸呢？

笔者在这里要强调一下：腹式呼吸可以程度不同，当膈肌全力收缩吸气时，胸腔打开，腹部隆起，下腹部的肌肉舒张；呼气时膈肌舒张，腹肌尽力收缩。这就是腹式呼吸。

在静止或低运动状态下，人体不需要太多的气体交换，呼吸幅度和频率都会保持在较低水平，一般只需要膈肌参与或者腹肌参与就可以了。这也是腹式呼吸，只是低强度的呼吸罢了。

上面提到的膈肌和腹肌都是耐力肌，耐力肌强可以让我们保持长时间、长距离、大幅度、大强度的运动。所以，通过站桩练习提高膈肌和腹肌的耐力、养成腹式呼吸的习惯是站桩的主要目标之一。

6. 气沉丹田，丹田在哪里？

"丹田"是道家术语，为储藏精气神的地方，分为上、中、下丹田。一般所说的"意守丹田"，都是指下丹田。古人认为，下丹田和人体生命活动的关系最为密切，是真气升降、开合的基地，也是男子藏精，女子养胎的地方。它位于人体中心，有人说这里正好是人体的黄金分割点。

专家多以下丹田为锻炼、汇聚、储存真气的主要部位。一般认为，人的元气发源于肾，藏于丹田，借三焦之道，周流全身，以推动五脏六腑的功能活动；人体的强弱和寿命的长短，全赖丹田元气之盛衰，所以人们非常重视保养丹田元气。丹田元气充实旺盛就可以调动人体潜力，使真气能在全身循环运行。

当然，从现代解剖学和生理学的观点来看，下丹田所指的部位大概包括了盆腔及其内容物，以及维持腹腔完整的整个肌骨系统，包括全部核心肌。通过意守丹田来锻炼呼吸有一定的效果，这早已被实践所证实，但其中的机理尚待科学家们进一步研究揭示。

气沉丹田绝不是普通人所想象的把气吸到肚脐下的丹田，气只能吸在肺里。那为什么会有"气沉丹田"之说呢？就是让人能够感觉到下腹部肌肉的收缩，这也就是核心肌锻炼的难点。此时全部核心肌参与活动，维持时间越长，锻炼效果越好。

7. 龟息就是静养不动吗？

运动对人的好处已经尽人皆知，休息是人体疲劳时恢复的必要途径。但是运动过度和缺乏运动都是不健康的生活方式，静坐少动迟早会出问题。

这里讲龟息和运动是给大家提出一种呼吸训练的方法，即如何通过腹式呼吸提高人体有氧能力。龟息是选择休息体位练习，还是通过运动进行练习？

龟息实际上就是休息位呼吸训练。休息位呼吸训练可以在各种体位下练习，打坐可以练，站桩可以练，躺卧也可以练。中国传统的道家气沉丹田养生功练的也是腹式呼吸。

气沉丹田是腹式呼吸锻炼的一种方式，也是锻炼的目标。提高肺活量一直是运动者或健身专家追求的目标。

古人通过观察乌龟呼吸发现它们呼吸的一个特点，就是分次连续吸气，直到吸满，然后慢慢呼出。分次连续吸气和一次性吸满是有区别的。前者更容易、更省力，而且给予肺部气体交换充分的时间、空间和压力环境，可能也是古人所描述的"松、静、匀、细、长"的呼吸方法。

当然现在流行的各项有氧运动也是以腹式呼吸为基础的，可以提高肺活量，改善有氧能力。

有氧能力就是人体有效利用氧气的能力。人的呼吸过程包括三个相互联系的环节：外呼吸、气体运输和内呼吸。外呼吸包括肺通气和肺换气，气体运输是在血液中的运输，内呼吸是组织细胞与血液之间的气体交换。因此，有氧能力是指在单位时间内，肺部吸入氧气、呼吸膜交换氧气并排出更多的二氧化碳，各细胞充分有效利用氧气的能力。

大多情况下，人体处于静止和低运动状态，这种状态下的有氧能力更应该受到关注。

所以，建议大家在做有氧运动的同时，可以适当练习低运动状态的龟息！

8. 桩跑步幅很重要

步幅和步频是跑步者关注的两个重要参数。现在，笔者从运动医学的角度和大家谈谈二者的区别与联系。

步频与肌肉收缩速度关系较为密切。肌肉的收缩速度取决于肌肉本身状态和环境因素。本身状态主要指肌纤维的类型、数量及神经系统对肌肉的调节和控制能力等。也就是说，对于一个正常跑步者而言，更好的爆发力和肌耐力可以保障更快的步频。环境因素主要指社会环境、物理环境（包括天气、温度、距离、设施等）等。其中温度对肌肉的收缩速度影响较大，良好的热身状态使肌肉对神经调节反应更快。

但是由于人体的生理极限，爆发力和肌耐力是不可能同时处在最佳状态的。短跑选手更多用爆发力增加步频，而长跑选手更多依靠肌耐力来完成跑量。

步幅调整就是改变步态。人们通过增加髋膝关节屈曲度来保持更长的摆动相，也就是让腾空时间更长、落地时间更短。这个要求比起加快步频要难得多。

首先，双足要有力。如果足弓有问题，持续加大步幅会引起损伤。因为有问题的足弓比正常足弓的弹性差，所以缓冲能力有限。

其次，核心肌要足够强大，以保持摆动相的正确姿势，即把核心肌的作用发挥到极致，让双下肢更自由地完成屈伸动作。

最后，双下肢的主动肌与拮抗肌既要有力又要协调，髋膝关节活动度加大必然对下肢各肌肉群提出更高要求。

通常情况下，患者的运动损伤绝大多数是由增加步幅而引起的损伤，包括足底筋膜炎、踝关节扭伤、胫骨前痛、胫骨结节痛、跑步膝、腹股沟处疼痛、小腿三头肌和大腿各肌肉群的肌肉拉伤等。

据此，笔者提出如下建议：

① 肌肉力量是加快步频和增大步幅以提速的基本条件

提升肌肉力量通常是先易后难，先加快步频，再逐渐增大步幅，但是切忌追求极限。一般人能够在一个小时内完成 10 km 就相当不错了，不要盲目追求速度，更重要的是能够使这种状态维持几年！

② 调整步频和步幅必须循序渐进

一般地，人们一周做一次步频和步幅的调整。每次在现有基础上增加10%的量，先调整步频，使速度达到8 km/h，然后调整步幅，使速度最终达到10~12 km/h即可。随着时间的推移，调整周期越长越好，千万不要急于求成。

③ 装备、场地、气候条件等都很重要

人们通常可以在已经习惯了的环境中进行调整。此外，热身运动相当重要，建议在热身后进行调整，同时注意做好疲劳修复工作。

9. 跑步机是桩跑训练的有效工具

（1）在跑步机上跑步更加安全

跑步机有很好的减震功能。人在跑步时，膝关节承受着身体最大的压力，特别是在非塑胶地面上跑步，由于地面不平整或弯道等会给膝盖带来更大的压力。人在不平整的地面上跑步时，要求膝盖、脚踝等部位具有更好的稳定性。

稳定性和活动量的关系十分密切，即一个人的关节稳定性和运动强度有关。稳定性与运动强度不匹配，就会引起疼痛。所以不经常运动的人，刚开始在户外跑步的几天经常会膝关节疼痛，在跑步机上也不例外。人一旦在跑步机上跑步时出现不适，户外跑步就更不适应了。

合理利用跑步机，遵循循序渐进的原则，让关节逐渐稳定下来，运动能力和工作活力就会提高。

（2）在跑步机上更加省力

跑步时，人需要将两只脚中的一只脚用力蹬地发力，提供一个向上和向前的力，让身体有一个向前的速度和向上的高度。在这个过程中，整个人需要在空中停留一瞬间。人维持空中姿势主要依靠核心肌，用桩跑姿势进行训练就可以让核心肌的力量发挥到极致。如果人可以做到用核心肌发力，四肢就可以省力。

首先，人在跑步机上跑步可以节约身体额外调整姿势的能量，如不需要转弯、不需要适应高低不平的跑道、不需要频繁更换步频和步幅。因为调整越多，耗能越大。跑步机履带向后滚动可以让人节省一部分向前的力。

其次，人在跑步机上跑步基本上可以看作克服自身重力的跑步；而在地面上跑步就不仅仅要克服自身重力，还要克服户外的风力、地面摩擦力等外界因素。因此，在跑步机上跑步会比在户外跑步省力。省力就可以跑得更久，适合心肺有氧耐力训练。当然跑步机也设计了增加难度的程序，如提高坡度、变速跑等，这些都是人在适应跑步机上的运动以后才考虑的方案。

（3）在跑步机上跑步可以实现人机对话

人在跑步机上跑步，能够知道自己的速度、时间、心率、能量消耗等，知道这些数据就可以根据自己的身体状况来调整适合自己的运动量。练习桩跑时人可以不受环境干扰，集中精力专注于跑姿的调整。

（4）在跑步机上跑步能够更好地训练出桩跑姿势

桩跑主要是锻炼核心肌，预防或治疗腰椎和颈椎等方面的疾病。这就需要人将发力部位从下肢向腰背部转移，将骨盆和肩胸转动起来。在跑步机上，人切换各种模式，感受坡度变化、速度变化、组合变化等，更容易体会发力部位的感觉。笔者建议大家在家里跑步机的周围安装镜子以观察运动姿态，使跑姿更优美，效果更显著。

（5）为什么有人不适应跑步机？

不同的人需要不同的跑步机，不同的跑步机适合不同的人。例如，老人和年轻人在慢跑和快跑时适用的跑步机是不同的。跑步机的载荷、带宽、长度、减震效果、调速稳定性等都会影响跑步者的表现。一般来说，跑台宽大且减震效果好的跑步机跑起来更加舒适。

学习能力不够，急于求成者，往往不适应跑步机。跑步机是一种跑步工具，在某种程度上就跟一辆汽车一样，要学会"驾驶"它。如果人用得不好，用得不对，就会出问题。例如，人频繁地改变跑步机的速度、坡度，使膝关节不能及时适应，就会引起膝关节伤痛；又如，人在操作跑步机时注意力不集中，从跑步机上摔下来，也会造成脑外伤。有的人平时很少运动，心血来潮想运动，买了跑步机，觉得很新鲜，各种功能都想马上尝试，以为这样可以得到全方位的锻炼，结果因身体不能适应，特别是膝关节出现疼痛，便认为是跑步机不好。这其实就像一个不经常爬楼梯的人，一次性爬了10层楼一样。因此，任何工具的使用都需要认真学习。

习惯户外跑步的人大多不习惯在跑步机上跑步。人在户外跑步时是自由的，速度、步幅、步频都可以根据环境和心情，随时随地自由调整；而人在跑步机上跑步需要调整跑步机的相应功能。户外跑步对膝关节、足踝关节的功能要求比较高，特别是对足弓功能的要求会更高，人需要适应各种路况和突发情况。而跑步机对平足或足底弹性较差的人起到一定的保护作用。

户外跑步

附：跑步机、动感单车和椭圆机的区别

跑步机、动感单车、椭圆机三种健身设备都是室内有氧运动较好的工具。

动感单车和椭圆机主要是为那些体重超标又想运动得久一点的人准备的。

动感单车是一种风靡全球的健身设备，它结合了听觉和视觉效果。在运动过程中能够让人感到兴奋与快乐，因而备受人们青睐。动感单车通过设定不同速度和阻力引导人进行练习，可以让人在快乐运动中有效地加强肌耐力及锻炼心肺的运转功能，而且在加强肌耐力的同时会燃烧大量脂肪，从而达到减肥的目的。对于追求暴汗效果的人而言，显然选择动感单车会更好一些。它可以在短时间内让人的脂肪燃烧，从而排出大量汗水，但是它对大腿肌群及膝盖的要求比较高。这种方式能够让人的下肢得到充分的锻炼，同时让心肺功能得到很好的训练，还能很好地提升爆发力。然而，正是因为动感单车对大腿肌群和爆发力有较强的要求,所以并不适合初练者。

椭圆机也是室内有氧器械的一种。在工作原理上与动感单车存在相似之处,同样需要依靠飞轮与磁力来形成运动阻力;不同之处在于,椭圆机运动更加类似于跑步,是一种需要全身参与的运动项目,对人的上肢、背部、腰、胯、大腿、小腿均有一定的锻炼效果。借助椭圆机健身的优点是人体的消耗量不大、关节损伤小、节省空间。椭圆机更加适合体重基数较大的人,其安全性更高,并且噪声相对于跑步机来说要小很多。在某种程度上,它是跑步机和动感单车的结合体,也是对膝盖伤害最小的一种室内运动设备。就其锻炼效果而言,人运动的时候汗出得很快、很多,但又不会像在跑步机或动感单车上那样容易感到疲劳、枯燥和乏味。

跑步机具有减震功能。跑步履带具有弹性,能给膝盖减轻一定的压力;而户外跑步则不能给膝盖带来减震效果。如果人在不平整的地面或者硬度特别高的地面上跑步,会给膝盖带来更大的冲击力,导致膝盖或者脚踝受伤。因此,如果人在户外跑步,最好选择带有跑道的公园,并且穿戴专业的跑具。相比较而言,人在跑步机上跑步具有速度可控的优势。虽然人在跑步机上跑步会感到枯燥和乏味,但是在跑步机上跑步比在户外跑步更容易控制速度,这就意味着可以进行更多的不同强度的训练;可以进行不同方式的训练,如采用变速跑进行高强度有氧间歇训练,利用高度爬坡加强腿部的力量性训练;也可以在有良好基础的情况下,进一步利用跑步机来加大强度。这些都比户外运动更加方便易行。

事实上,不管是哪一种运动器材,只要会用并且用好,均可以起到锻炼效果。人使用任何工具前都需要学习、学习、

再学习。如果哪种运动器材使用得不舒服，先要确认一下自己是否按照说明书正确使用了。经常听人说跑步机伤膝盖，其实是因为他不会使用，或者不习惯使用。一般情况下，人刚开始练习跑步时都会出现不同程度的膝盖疼痛现象，但这并不是跑步机的问题，在跑道上跑步也是一样的。只要能够循序渐进地在跑步机上练习跑步，坚持一个月以后，绝大多数人都能适应。

抱着减肥的目的去买跑步机、动感单车或者椭圆机的人，如果认为买了器材就能够瘦下来的话，未免太天真了。因为减肥的本质是热量的消耗要大于摄入，只有这样才能慢慢地消耗掉身体的脂肪。

有氧器材是工具，坚持才是关键。同样，减肥的方式还有跳绳、健身房举铁①、户外爬山、打球等。

应该说，不同的器材适合不同的人。

如果跑步机、动感单车、椭圆机都可以接受的话，首选跑步机。笔者在跑步机上跑了一年，既改善了跑姿，又锻炼了心肺功能，并且感觉锻炼效果与室外锻炼效果相似，但其对膝踝关节的保护远远优于室外锻炼。

---

① 健身房举铁是指不借助大器械的力量训练，如举哑铃、杠铃之类的运动。

八、桩跑进阶篇

1. 学会桩跑，增强核心肌，防病治病

跑步不仅可以增加心肺耐力，对全身肌肉也有相当好的锻炼效果。

跑得快、跑得远、跑姿优美都是由人的肌肉力量和肌肉耐力所决定的。当人的耐力从 3 km 提高到 5 km，再从 5 km 提高到 10 km，主要是通过提升肌肉力量和耐力实现的，其中核心肌锻炼尤为重要。跑步需要核心肌发力，同时也需要对核心肌起到锻炼的效果。

每一项运动都需要核心肌参与，参与越多，锻炼效果越好。因此，把核心肌作为"发动机"的跑法是跑步者的高级境界。桩跑是专门训练核心肌的跑姿。为了让核心肌训练效果更好，人也需要进行一些核心肌的力量训练。二者相得益彰，能够预防和治疗核心肌薄弱引起的各种临床症状。

当人掌握了桩跑姿势以后，在日常散步、健走、徒步、上下班等场合均可以加以应用；当人形成了良好的习惯以后，桩跑既比毫无目的的漫步或散步增加了运动量，又起到了增加肌肉力量、心肺耐力等效果。同时，人在进行形式多样的练习时也能给身体带来巨大的改变。

2. 腰背一体，稳定中轴

一位锻炼了3年的健身者，尤其喜欢做引体向上这项运动，后来发现自己的背变宽了，但腰则变薄了。这大概是健身者的通病！

人体是一个协调的整体，分为上下、左右、前后、内外等部分。各部分都应该协调发展，才能完成各种动作。

健美先是要健身，健身的关键是增强身体的各项功能。

没有功能的美或者功能残缺的美，都不应该是健身者所追求的，但是很多健身者往往都忽视了这一点，片面追求形体形态，导致动作并不协调。

即使是优秀的吊环选手，为了减轻身体的总重量，从而减少下肢训练也会导致落地时站立不稳。

健身者只练胸不练背、练臀多练臂少的情况比比皆是，结果就是锻炼到的肌肉群特别发达，但从总体上看却特别畸形，功能就更不必说了。

当然，以健身为职业者另当别论！

总之，健身一定要全面，各种动作都要精确、到位，切记不可顾此失彼！

3. 学会用背阔肌引体向上

当人在做引体向上时，要双手握住单杠，保持身体悬空的姿势，利用背部和上肢肌群，共同发力完成上拉动作，将身体上拉至最高位置，再下放身体回到起始位置。当人将身体上拉到最高位置时要做到胸肌上部贴于单杠，下放回位时，需要重新将肩胛骨下沉。

标准引体向上采用大于肩宽的正手方法，重点刺激的是背阔肌和上背部小肌群。因此，长期训练之后，人的背部会显得比较宽，肌肉还会变厚。

还有一种方法是小于肩宽的反手方法，它重点刺激的是肱二头肌和斜方肌中下部。这种方法对人的前臂和握力的要求不高，同时动作难度也不大，更多的是依靠肱二头肌肉力量拉动身体，而背部主要受力点都在中间部位。

当人在做引体向上的过程中，应避免靠晃动身体借力，而应完全依靠肌肉发力拉动身体，如果只能做半程动作则对背部的刺激会减弱。

综上，引体向上主要针对的是背部和上肢肌群。大于肩宽的正手方法主要刺激背阔肌和上背部小肌群，即背阔肌、斜方肌、冈下肌、大圆肌、小圆肌等背部肌群。小于肩宽的反手方法主要是刺激肱二头肌、斜方肌中下部、三角肌后束，对提升前臂力量和双手握力也有很大帮助。这两种方法都能刺激背部肌群，但是对下背部竖脊肌刺激很小。

4. 如何训练下背部肌肉？

下背部肌肉主要为竖脊肌，竖脊肌贯穿于脊柱两侧，在下背部肌肉中面积最大。只有当人在俯身和挺身的过程中，才能刺激到这个部分肌肉。

腰部肌肉分布于腰部两侧，通常人在训练竖脊肌动作时也能附带练到腰部肌肉，所以不需要单独训练。

下面推荐2个训练竖脊肌的动作：

(1) 直腿硬拉

① 含义

直腿硬拉主要是通过双腿直立的姿势，完成俯身屈膝、再起身回位的过程。它可以练到竖脊肌，还能强化大腿后侧的腘绳肌和臀大肌。

② 具体操作

A. 将杠铃调整好重量，俯身屈膝，从地面拉起杠铃，直立身体。

B. 收腹挺胸，挺直腰背，开始俯身放下杠铃。

C. 直到杠铃快要接触到地面时停止，然后再放下回位，重复动作。

③ 注意事项

A. 双腿需要尽量伸直，避免屈膝过度。保持背部挺直姿势，根据自身能力放下杠铃。

B. 如果屈髋能力较好，可以直接将杠铃放回地面，这样对竖脊肌的刺激最大。一般地，只要放下至小腿位置即可。

C. 杠铃需要与小腿保持距离，不能贴住小腿，如此就会刺激臀部和大腿腘绳肌。

(2) 山羊挺身

① 含义

山羊挺身是固定双腿俯身向下，再向上挺身的过程。它对竖脊肌的刺激更有针对性，尤其是在起身回位时，可以明

显感觉到竖脊肌强烈收缩。同时还能附带练到臀大肌和大腿后侧的腘绳肌,对腰部肌肉也有锻炼效果。

② 具体操作

A. 调整好罗马椅靠垫高度,双脚踩在踏板上,此时大腿前侧贴于靠背处。

B. 双手交叉抱于胸前,俯身向下,跟着向上直起身体。

C. 直到上半身和腿部形成一条直线后停止,然后回位,重复动作。

③ 注意事项

A. 需要保证背部挺直,起身之后不能过度后仰,这样会对腰椎产生很大压力。

B. 整体动作放慢一些。顶部位置应做到整个身体形成一条直线。

C. 训练后期可以增加一些重量,双手抱着杠铃片操作,这样对竖脊肌的刺激效果更好。

④ 参考计划

在正常情况下,下背部竖脊肌的训练应与其他动作一同训练。

如果人只做引体向上,虽然背部宽度增加,但是背部厚度很难增加。因此,人可以附带做一些划船类动作,如杠铃划船、俯身哑铃划船等。训练方法可参照表8-1。

表8-1 训练方法

序号	姿势类别	组次	次数
1	正手引体向上	5	10
2	反手引体向上	4	12

续表

序号	姿势类别	组次	次数
3	直腿硬拉	4	10
4	山羊挺身	4	12
5	杠铃划船	5	10
6	俯身哑铃划船	4	12

综上，下背部肌肉主要为竖脊肌，竖脊肌分布于脊柱两侧，在下背部肌肉中面积最大。通常人在训练竖脊肌时，就能附带练到腰部肌肉。人可以选择直腿硬拉和山羊挺身2个动作，配合正手和反手引体向上，还需要加入杠铃划船和俯身哑铃划船以增加背部厚度，用这样6个动作就能练好整个背部肌群。

5. 深蹲如何训练？

有一次，门诊来了一位54岁的男性患者，他因双膝弹响晨僵前来问诊。他练了3年太极拳后，因身体不适就停止练习了半年，感到体能明显下降。于是，他又去找师傅学习，练习"花式深蹲"，一年后出现上述症状。深蹲既然有变式，那一定还有不变的内容。

谈及深蹲的技巧，必须先了解深蹲的功用。

深蹲是预防下肢萎缩，提高下肢力量、美臀、增强身体基础代谢的最佳手段。但是深蹲训练并不适合普通人。如果没有专业的运动学专家指导，照葫芦画瓢，最后多以膝关节受损告终。

大多数人没有掌握深蹲的技巧，少数人即使训练了10多年也不一定能摸清深蹲的精髓，其中包括一些专业的健身运动员。

深蹲为什么容易损伤膝盖呢？因为锻炼者不会控制深蹲的核心力量，也就是说不会把力量用在臀部和股四头肌上，而是在运动中把力量全部挤压在膝关节上了，导致膝关节韧带长期处于绷紧状态。久而久之，膝关节韧带就会受伤、增生、僵硬、老化，随后失去柔韧性和灵活性，自然就毛病百出，甚至出现活动受限、功能障碍。

真正的深蹲的技巧是：先站直，两脚尖稍微宽过肩膀。在蹲下之前，先收紧腹部，夹紧臀部，绷紧股四头肌，放松膝关节。在下蹲过程中，使用臀部和股四头肌控制好力度，慢慢往下蹲，一直蹲到底。在站起来的时候，需要收紧腹部，挺直腰，收紧股四头肌，夹紧臀部。

在上下运动过程中，必须收紧腹部、臀部和股四头肌，而不是只绷紧膝关节，不能让腰腹、臀部、股四头肌全部放松。

下蹲并非一定要使膝关节呈90°，膝盖也并非一定不能超过脚尖。如果下蹲不到位，做功的力量一直在膝关节，真正想锻炼的目标肌肉，如臀大肌、股四头肌、腘绳肌等几乎没练到，那么最后只能损伤膝关节了。因此，我们可以把膝盖不能超过脚尖的说法理解为帮助新手强化屈髋、弱化屈膝的方法会更好。

找到屈髋的感觉后

在背上绑上一块笔直的木板,练习向下俯身,让臀部向后方顶出。保证身体在下降的过程中不弯腰,视线随着身体角度的变化而变化(目的是让腰椎、颈椎处于中立位)。找到这种感觉后再练习深蹲,膝盖就不会"孤立无援"了。

所以,练习者在自由深蹲时,双手扶住栏杆或者桌子保持平衡,慢下快上。一定要先蹲到底后再起来,呈放松状态,然后收腹、紧臀,最后站立起来。

有条件的话,练习者可以正确使用倒蹬机来训练下肢,也可以达到深蹲的效果。

只有正确的练习,才能取得良好的运动效果。

关于深蹲,练习者必须做到以下几点才能有较好的锻炼成效。

第一,两脚与肩同宽或略大于肩。

第二,两脚脚尖稍向外张,不要内扣,膝盖与脚尖朝向保持一致,找到自己最为舒服的姿势即可。

第三,在下蹲过程中,腰背保持立直,肌肉有紧绷感。对于新手而言,最好习惯"先屈髋、再屈膝"的模式,熟悉髋驱动。

第四,起来时大腿发力,小腿自然放松。

第五,站立时膝关节完全伸直,蹲起时先抬臀部,避免"屁股眨眼"。屁股眨眼是指因为全蹲,导致骨盆向前

八、桩跑进阶篇

或向后翻转的现象。长期的骨盆翻转，有可能给下背、脊椎带来不良影响，甚至改变脊椎的活动角度，或引起下腰部疼痛。

第六，切忌速度过快，不可利用惯性蹲下或起立。

练习深蹲最重要的就是锻炼膝关节处的肌肉韧带，以保护膝关节免受损伤。如果方法不当，不仅不会起到健身的效果，反而会练出一身病，得不偿失。太极拳最大的动作特点就是屈膝深蹲动作较多。如果方法不正确，对膝关节会造成很大伤害。

小贴士2

深蹲应该蹲多"深"？

深蹲是一个增加臀腿肌肉、改善下肢力量的动作，深蹲幅度是一个很重要的因素。

练习者先要确定站距，双脚间距比肩略宽，脚尖和膝盖朝向一致。

在这种情况下，新手应达到的深蹲幅度是在最低点让大腿尽可能与地面保持水平，在最高点处腿部不用完全伸直，应略微屈膝。

当然，不排除有些训练经验丰富、灵活度高的练习者能够蹲到"髋低于膝"，甚至更低的位置。随着下蹲的位置变低，后链肌群（臀部肌群、腘绳肌）的肌肉发力效果就会更好。

但要警惕的是，如果练习者一味注重身体下蹲的幅度，却忽视了动作的细节，很可能出现问题。

如果刚开始练习者蹲不到这么低的位置，不妨调整站距，让两腿站得更宽一些。这样的站距能够在一定程度上改善练习者"膝盖内扣"的姿势，毕竟双腿无法自如地向中间合拢，同时也能让练习者蹲得更低。

深蹲时如何呼吸？

大多数新手并不是很关注呼吸，但是良好的、正确的呼吸方式是力量训练的一个要点。尤其是练习者在做力量训练时，呼吸的控制显得尤为重要。

深蹲时的呼吸包括以下2个部分：

（1）呼吸次序

通常建议练习者"下吸上呼"，下蹲时吸气，起身时呼气。当练习者力量水平提升，不再是新手后，还可以尝试"瓦式呼吸法"。所谓的瓦式呼吸法就是通过躯干肌肉收缩憋气来产生瓦式呼吸的现象，即心跳加速、血压升高、神经兴奋、肌肉力量增大的现象。无论是胸式呼吸还是腹式呼吸，练习者都可以采用瓦式呼吸法。但要注意瓦式呼吸法不等于憋气。没有伴随神经反应和血压增高等现象的憋气，就不是瓦式呼吸。

(2) 呼吸节奏

练习者徒手开始训练时,应尽可能平缓地控制呼吸。

下蹲时速度要慢,吸气时间尽可能延长;起身时速度要快,呼气节奏较为短促。

每天坚持深蹲,3年后会怎么样?

坚持深蹲3年之后练习者的意志力变得坚强了!

特别需要提醒的是,健身要科学,如果想要练出发达的下肢肌肉,可根据自己的身体状况调整深蹲次数与组数,以达到更好的效果,切忌盲目追求速度与数量。

练习者要懂得规律刺激,疲劳时要懂得修复,要懂得循序渐进,也要懂得根据身体反应适当调整!

6. 一个关于核心肌的故事

核心肌是个团队,单打独斗可不行!

核心肌需要强有力的组织才能有效地发挥作用!笔者并不反对一块一块地、一组一组地锻炼,把每一块肌肉都练得饱满丰硕、轮廓分明、线条优美,甚至可以随意收缩,就像肚皮舞选手一样可以用腹肌把一块硬币放在肚脐周围转出完美的圆圈。

　　但是大部分在健身房里练力量、练肌肉的健身者过于重视形状，而忽视功能。笔者建议把提高跑步能力作为力量训练的目标。其实力量训练和健美训练还是有区别的。如果有助于跑步能力提升，说明练出的肌肉起到了一定的效果。打比方说，如果把国际顶级的足球运动员组成一个豪华阵容，去和欧洲各大联赛的冠军队进行一场比赛，人们一般不会认为豪华阵容会赢得比赛，因为他们缺乏团队的配合训练。他们只有在组织中互相配合，发挥个人的优势，才能达到事半功倍的效果。

　　核心肌群各肌肉如果总是单打独斗，就不能做出完美的动作，诸如跳水、跳台、体操等。因此，练习者必须不断训练，反复练习同一个动作，才能做到完美，做到精准。

篮球运动

　　前美国湖人队篮球明星科比·布莱恩特是美国职业篮球联赛最好的得分手之一，他在职业生涯中赢得过无数奖项，突破、投篮、罚球，他都驾轻就熟，几乎没有进攻盲区。科比·布莱恩特有一个故事名曰"凌晨4点的洛杉矶"。曾经有记者问科比："你为什么能如此成功呢？"科比反问道："你知道洛杉矶凌晨4点是什么样子吗？"记者摇摇头："不知道，那你说说洛杉矶每天凌晨4点究竟是什么样子的？"科比挠挠头，说："洛杉矶每天凌晨4点时满天星辰，灯光寥落，行人很少；而我已经起床行走在黑暗的洛杉矶街道上了。1天过去了，2天过去了，10多年过去了，洛杉矶凌晨的黑暗没有丝毫改变；但我已经变成了肌肉强健、有体能、有力量、有着很高投篮命中率的运动员。"他会为一个动作反复练习无数次，直至满意为止。

运动员的故事讲述了一个运动的道理！反复练习，持之以恒，终将收获满意的效果。

7. 提高桩跑质量，提升健身效率

（1）坡道桩跑

上坡可以给躯干中松弛的肌肉带来更多的刺激，还可以提高心率，增强血管韧性，以预防代谢综合征。上坡时应注意保持略小于走平路的步幅。如果步幅过大，会导致头部和腿部向前，臀部落在后面，无法保持躯干平衡，还会导致足部疲劳。

坡道桩跑适宜希望提升运动效果者和出现代谢综合征（高血糖、高血压、高血脂等）的人群。

（2）长距离桩跑

长距离桩跑最大的魅力在于对人的精神产生积极的影响。习练时不必在意速度，宜放松身体，可以听音乐、欣赏路边景致等，起到减压、调节情绪、减脂、塑体美姿、保持活力的作用。建议每周最多尝试一次长距离桩跑。

长距离桩跑的适宜人群为希望减肥的人、压力过大的人和希望提升耐力的人。

（3）快频桩跑

快频桩跑是在平时桩跑的基础上加快步频，通过快速旋转躯干实现提速效果，类似于竞走。旋转躯干增强核心肌为主的全身肌肉力量会使基础代谢率提高。在快频桩跑时应注意速度要比平时快，但提速必须是通过提高步频来实现，千万不要加大步幅。

快频桩跑的适宜人群为易胖体质的人、处于颈肩腰腿疼痛缓解期的人、静坐少动的人。

8. 身体带动腿跑的轻松感觉

某日，门诊来了一位复诊的跑步爱好者。

一个月前他因跑步时膝关节疼痛前来就诊。该男子跑半程马拉松成绩不到 2 h，最快配速 5 min。平常跑步时跑到 3~4 km 后就感觉膝关节不舒服，但他仍然坚持每周 50 km 的跑量。他前来寻求医疗帮助的原因：一是膝关节不适感逐渐加重；二是跑友介绍其到笔者的科学健身指导门诊就诊。

笔者检查后发现，该男子的大腿肌肉和小腿肌肉都相当发达，轻度膝内翻，没有进行力量训练的习惯，特别是核心肌肉力量相对较弱。再看其跑姿，膝关节较紧绷，手臂摆幅较大。胫骨内侧平台 MRI 检查显示轻度高信号，提示受力过度。

笔者给他开了跑步的运动医学处方，重点纠正其跑姿，引导他学会使用核心肌跑步。

该男子体验了一个月后，又来到诊室高兴地说，他找到了身体带动腿跑的轻松感觉！

不过，他并非每一次跑都能找到这种感觉，而且持续时间也不会很长。他想知道这是为什么？

究其原因，他只要有感觉就会加速跑步，而此时核心肌耐力尚且不足，所以持续时间不长。一个人如果已经习惯了某种跑姿，若想在一个月内完全纠正是不可能的。一般情况下，即使坚持训练，也至少需要三个月。

九、坚持桩跑以备不时之需

1. 养成良好的桩跑习惯健身防病

培养桩跑习惯以备不时之需，养成良好的运动习惯受益终身！

身体活动是各种动作在时间轴上的组合。每一个习惯性动作都是不断重复养成的，完成这些动作需要肌肉骨骼、神经等系统协同工作。如果经常进行某项运动，身体就会对这项运动产生适应力。

人的身体一旦适应后，如果不改变项目或提高强度，运动能力就不会再提高了。对于中老年人来说，长期保持在这个状态就很好，而年轻人可以循序渐进地通过锻炼提高运动能力。

一个人如果保持和适应了某种状态，进入了舒适区，而突然超过这个状态则易对身体的某部位造成损伤。比如跑步者适应了半小时跑 5 km 的状态，如此一直坚持下去，一般不会出现任何运动损伤。如果跑步者突然心血来潮，想跑得快一点，于是步幅加大，步频加快，结果没跑几天，膝关节、踝关节、前足等部位开始疼痛。

这是什么原因呢？

由于步幅增大，人在加快速度的同时，身体跃起的高度增加，致使滞空时间延长，这时，地面的反作用力明显增加，下肢缓冲机制受到考验，原来的缓冲机制不足以缓冲加速后形成的冲击力。前足和踝关节、膝关节需要承受更多的刺激，所以就出现了疼痛。笔者研究运动医学，经常教他人如何预防损伤，可是自己跑步时也在不断受伤。进一步研究之后发现：只要增加运动量就会出现损伤，最重要的是能否把这些损伤控制在可以承受的范围之内。因为没有损伤就没有修复，没有修复就没有提高。这些损伤可以分为三级：一级损伤是比较常见的，二级损伤是需要减量坚持的，三级损伤是需要医疗干预的。

人的身体出现疼痛后该怎么办呢？

绝大部分患者就诊后会被告知："跑坏了，不能再跑了。"

真的不能再跑了吗？

如果练习者原来没有跑步的习惯，只能休息两周后重新开始。如果练习者已有跑步习惯，无须紧张，继续保持原来的跑姿、跑量、跑速，一周后就可以恢复了。

即使做其他运动，或者出现不慎扭伤等情况，如果没有明显骨折和韧带断裂，依然可以恢复已经形成习惯的桩跑运动。

所以，培养良好的桩跑习惯既可以维持较好的心肺耐力，又可以防备不时之需。

以笔者的亲身经历为例。有段时间因工作太忙，跑量不足，笔者感觉到活动量不够，恰逢每天下雨，晚饭后也不能出去散步，忽然想尝试原地走。这是江苏省运动医学界一位名人在一次闲谈中推荐给笔者的健身方法，就是晚饭后在家里原地走，她已经坚持数年。于是，笔者就把桩跑动作和原地走结合，通过上半身的扭转，发动核心肌带动双下肢以达到全身锻炼的效果。走了半小时，练得效果不错，也没有任何不适。但次日晨起时，笔者发现右膝关节髂胫束附着点疼痛，下楼时更痛，局部压痛明显。夫人说："老跑老跑，跑出问题来了吧，赶快去拍个片子吧！"笔者笑了，本人就是这方面的专家，自己有问题当然自己看了。事后笔者分析，原地走加上身扭转两个复合动作给膝关节增加了过大的负荷，因为扭转幅度过大，通过髂胫束传达到胫骨，胫骨附着点就承受了额外的刺激力。但如果按照习惯的跑姿继续去跑，是不会增加痛处应力的，反而有利于局部水肿的消除，于是笔者决定正常工作，继续每天在跑步机上慢跑，结果第四天膝关节就奇迹般地不疼了！其他部位以前出现过不适症状的也照这样做，恢复得很好，所以笔者就有了"坚持桩跑以备不时之需"的想法。

髂胫束受损确实害人不浅！从笔者练习跑步开始，包括这次已经疼痛四次了，两侧各两次。不过前三次疼痛是很久以前的事情了，前两次疼痛是因为跑步引起股骨外踝部位疼痛，也就是典型的跑步膝。笔者经过不懈地调整和拉伸，成功度过了初跑阶段。第三次疼痛大概是在两年以后，在庐山观赏瀑布，爬了两个小时的台阶，第二天就开始疼痛。那一次，笔者也没有休息，大概总共疼了四五天。事后，笔者总结了一下，前三次主要是膝关节稳定性差，下肢综合肌肉力量不足，协调性差，跑姿不正确；这次是劳损性疼痛，应该是扭转幅度过大，其实就是正常跑步时的扭转幅度，但是相对于原地走就显得太大了，所以身体不能适应。髂胫束起点在髂前上棘，从大腿前外侧螺旋形下降，绕过股骨外踝，止于胫骨近端外侧，即跨髋膝两个关节。身体里跨两个大关节的肌肉不多，髂胫束是比较特殊的一个。尤其在跑步时，髂胫束对维持膝关节的旋转稳定相当重要。

2. 桩跑提高平衡能力，避免发生意外

培养良好的桩跑习惯，可以增强身体素质，降低意外发生的概率。

养成桩跑习惯以后，身体就处于一种活跃的状态，平衡协调能力更强，可以有效地规避风险。

举个例子，过马路时突然有车快速驶来，如果身体能够迅速做出反应，急速躲闪，就可避免一场飞来横祸。再举个例子，下台阶时不慎踩空，没有运动基础的人保持平衡是很难的，所以绝大部分踝关节扭伤的人都缺乏运动。

你有没有发现自己已经无法轻松小跑，且身体经常感觉疲劳，双腿像灌了铅一样？这就是缺乏运动的表现！

如果你有桩跑的习惯，不仅身体能够快速反应，而且平常工作学习也不觉得疲惫，反而精神振奋。有桩跑习惯的人不仅双下肢力量强，他们的核心力量更强！核心肌群是保持人体姿势、提供爆发力、协调完成完整动作最重要的结构。

一些跑者认为，跑步靠的是双腿，只要锻炼好下肢力量，跑步就不会有什么问题。其实这种观念忽视了核心力量对跑步的重要性。核心肌群的训练可以提高跑步的稳定性、动力和耐力，让跑步者跑得更快，减少伤痛，坚持更长的距离，所以在锻炼下肢力量时也不要忽略核心力量的训练。同时坚持跑步可以发挥核心肌的作用，让运动如有神助，效率大增。

做任何动作时先启动的是核心肌，核心肌越强，运动越协调，动作越灵敏，力量也更强。

不管是善于跑步的普通人，还是追求最佳成绩的顶级运动员，他们都有很好的核心力量，并可以从中受益。

养成桩跑习惯，当跑步所需的肌肉得到了训练，臀部和躯干的肌肉协同工作时，你就能保持活力，减小受伤的概率，更好地享受跑步。

十、作者跑步拾得

1. 每天走 10 000 步就算是锻炼了吗？

日行 10 000 步是对健康成年人每日运动量的一个大体建议。不必太在意是否超过了 10 000 步，大家应该把手机计步作为一种激励自己运动的手段。

每天坚持 5 000 步左右的日常低强度活动，例如，上下班的步行和工作中的走动，都可计入。然后隔一天增加一个 5 000 步的量，这个增加量要对应中高强度（运动时的心率保持在 170 减去年龄的水平）的活动。比如一位年龄 50 岁的人，运动时的心率应该在 170−50 = 120 次/min。这个增加量最好一次性完成，且需要快走或者慢跑。

这样隔一天行走 10 000 步，既容易坚持，又能够起到锻炼的功效，还不容易过量。

每天走 10 000 步，对大多数人来说是坚持不下来的，如果硬要坚持就会冲击个人的极限，引发运动损伤。

2. 谨慎挑战极限

跑步多长是长，多快是快呢？现以一个真实有趣的门诊故事来谈一谈人的极限这个话题。某日，门诊接诊了一位不足 60 岁的男性跑步者，他称自己右膝关节疼痛数月，跑了约 2 km 后就开始疼痛，平时无症状。笔者凭经验判断可能是跑量过大所致。于是对他说："您可能每次跑得时间太长了。"他说："不长、不长。"笔者接着说："那您可能跑得太快了。因为速度越快，步幅越大，进而会增加膝关节的冲击力。"他却脱口而出："不快、不快！"于是笔者就警觉起来，接着问："那您到底跑得多长、多快呢？"他说，每天 10 km，配速 5~6 min。笔者和学生们忍不住都惊讶起来。

（1）跑步者如何判断自己的跑步极限？

跑得更远、更快是每个跑步者潜意识里的追求。

究竟自己能跑多远、多快？除了运动员以外，大部分人都不是很清楚。

很多人在碰到伤病时不仅停止了跑步，甚至还停止了其他所有运动，这种做法是不可取的。还有一些身体素质比较好的跑步者不断冲击自己的极限，结果把自己弄得一身伤痛，这种做法也不可取。

如何掌握一个度？使跑步者既可以体验到运动的乐趣，又可以长期无伤地坚持下去呢？正确的方法是，了解自己身体对运动刺激的极限反应。

极限可以分为两类：人类的极限和个体的极限。

首先，对于人类的极限，一般人最好不要试图逾越。如果没有相当好的身体素质和科学的训练方法，必然会受伤。

笔者在门诊时观察了很多跑步者，他们试图每天坚持跑10 km，但都相继败下阵来。虽然他们都很出色，并自认为身体素质很好，在两周到一个月不等的时间内，每天连续跑步10 km，但都因为过于疲劳而出现了各种不适。

其次，个体的极限各不相同。每个人的身体都有或多或少的缺陷，诸如平足、拇外翻、膝关节内外翻、脊柱侧弯、髋关节发育不良、肥胖、胸式呼吸、慢性鼻炎、心脏病等，这些都会影响跑步效果。例如，平足的人慢跑距离可以达到10 km，但是快跑恐怕无法达到；又如跑步者快跑会引发足底筋膜炎或膝前痛；再比如患有慢性鼻炎的跑步者通常只用口呼吸，即使其他身体条件很好，半程马拉松也不一定跑得下来。

在跑步过程中，跑步者要学会感知身体，对可以解决的问题通过调整进行改善，对解决不了的问题不要勉强，以免造成不可逆转的慢性损伤。肌肉力量不足、灵活性不够的问题可以通过练习改善，但如果是身体结构有缺陷就只能弥补或代偿。

不要试图不断冲击自己的身体极限。冲击极限可以给人带来快感，但不能持久。运动的真谛是坚持，是持之以恒！

（2）冲击极限的好处与危险

更高、更快、更强是人类不断冲击自己身体极限的目标。不断有人打破纪录，但也有很多人败下阵来，这都属于正常情况。因为特殊的人总归是少数，而创新攀高又是人类的本性。不是每个人都适合不断冲击自己的身体运动极限的，冲击极限也不应该成为大众运动的首要目标！重在参与、贵在坚持！

人们热衷于冲击极限其实不限于运动极限，吉尼斯纪录就有很多令人意想不到的项目。冲击极限有时可以让身体体能更强，引起更多人关注，产生更多商业利益，有利于保持兴趣、坚持运动。

当一个健康人的体能状态在正常人的平均水平以下时，通过循序渐进的科学运动，不断冲击自己的身体极限，可以提高运动能力，保持运动活力。当超过正常人所能承受的量后，就要保持警惕。比如跑步，一般坚持隔天跑步、跑距 5 km、时长 30 min 是正常人的运动状态。在这种状态之下，跑步者如果积极锻炼，通过坚持会收获很多健康益处；但是如果跑步者每天跑 10 km，还觉得尚有余力，不断加量，如此必然导致伤痛，甚至危及生命。笔者遇到过很多类似病例，社会上也出现过不少与此相关的热点事件。

所以说，冲击身体运动极限也是危险的。

当出现精力不济、心慌气短、头晕眼花、失眠烦躁、体能下降、动作变形、容易疲劳等情况时，说明运动已经过量了，这时应该减少运动量，适当休息，增加营养，保证睡眠。如果一味地坚持或者参加比赛，产生问题的概率就会大大增加！

当出现感冒、腹泻的症状及遇到湿热天气等情况时，跑步者必须减量或休息。2020 年 7 月，苏州金鸡湖边有一位男子晨跑时突然倒地猝死。这就是其盲目锻炼的结果。虽然跑步者持之以恒的精神令人佩服，但是其家庭因此失去一个顶梁柱令人惋惜！

运动重在参与，贵在科学！

坚持运动与冲击极限是两个概念！一定要注意区分，把握运动的度，发挥出运动的积极作用。

3. 从脚趾皮肤擦伤体会穿鞋的讲究

笔者有一双鞋平时穿着很舒服，但有一次下楼取快递，没穿袜子直接穿上鞋就出门了。本以为不会有什么问题，结果却把脚趾皮肤磨破了，第二天早上痛得厉害。怎么办？笔者贴上创可贴，穿好袜子和这双鞋，走了一段路，感觉还是痛，似乎是鞋子太松了。于是重新系紧鞋带，把最上面原来不用的两个孔也系紧了，结果再走路时既不磨脚，也不痛了。

那么，平时或运动时到底怎么系鞋带比较好呢？

笔者通过不断尝试，发现跑得越快，鞋带就要系得越紧，把所有鞋孔都利用起来，出现脚指甲受伤、脚趾皮肤擦伤、甲下瘀血的概率就会降低。

鞋对于脚来说太重要了，爱护脚从会穿鞋开始！

每一种鞋都有优缺点，根据不同的运动选择不同的鞋，不能只靠一双鞋进行所有项目的运动。买跑鞋时需购买品质较好的球鞋，且一定要适合自己的脚。

脚趾皮肤擦伤一般3天就不痛了，一周可基本痊愈。鞋带系紧依然可以跑步，切记鞋子和袜子是密不可分的！

4. 亚洲人健身效果不如欧美人吗？

亚洲人健身效果和效率是否不如欧美人？

也许二者健美的标准不一样，但健康的标准都是一样的。

如果非要练出肌肥大，那亚洲人肯定比不上欧美人。

传统印象中拥有一身健硕的肌肉的大多是白人和黑人。经过分析可知造成这种印象或有以下几点原因：

① 现代健美运动在亚洲国家兴起时间较晚

大约在20世纪20年代末，现代健美运动由欧美传入以中国为代表的亚洲国家，直到改革开放以后才逐渐风靡全国。健身需要制订科学的训练计划，饮食和休息也很重要。在欧美国家，健身是一件再寻常不过的事情，而在我们国内，健身主要是部分年轻人的爱好。因此，欧美国家的大块头比我们国家的多也不足为奇。

② 亚洲人的健身效果不如欧美人可能与饮食习惯有关

亚洲人在饮食上对肉、蛋、奶的摄入量相对较少，而对碳水和油脂食物的摄入量却相对较多。若想长肌肉，除了训练以外，还必须补充足够多的动物蛋白，用以修复和增加肌肉。健康的减脂增肌餐，比如鸡胸肉、牛油果、蛋白粉之类的食物基本上是先在欧美国家兴起，然后才慢慢传播到其他国家的。

③ 亚洲国家的"肌肉男"少也可能与审美习惯有关

中华文明自古就崇文，温文尔雅的读书人是备受青睐的；过于健壮的人则可能会被偏颇地认为"四肢发达、头脑简单"。中华文明又影响了中国周边的许多国家。时至今日，大块头"肌肉男"在亚洲国家中并不是最受欢迎的类型；而一些"奶油小生""小鲜肉"则备受推崇。这样的审美也导致了亚洲国家的男性并没有练成大块头"肌肉男"的强烈动力。

不过，亚洲人一旦认真锻炼起来，效果还是非常惊人的。例如，有一位叫黄哲勋的韩国职业健美运动员，堪称韩国健身界的著名人物。他并不像我们往常看到的韩国"奶油小生"只会秀点腹肌，很多人看到他的第一眼都会想到漫画里面跑出来的大块头。虽然他是黄皮肤的亚洲人，但是他的身材一点不比欧美人差：几乎每块肌肉都锻炼到位，脂肪含量极少；块头足够大，线条足够明显且十分漂亮，比例也很好。因此，若想练出一身厚实的肌肉，一定要坚持练下去，同时要注意饮食和休息，相信通过努力你一定可以塑造出理想中的体形。

5. 晨跑需要注意什么？

"一年之计在于春，一日之计在于晨。"

清晨，万籁俱寂，东边的地平线上刚泛起一丝丝亮光。此时，在清新的空气中跑步可以怡悦心情、激发灵感，那种感觉确实非常惬意、舒适。

也许有人刚开始晨跑，没有接受过任何理论指导，5点半迷迷糊糊起床，跑步 40 min，然后上班，坚持晨跑 2 个月，身体越跑越差，上班时精神不振；还有人每天晨跑 10 km，运动后上下楼梯时膝盖感觉疼痛，既浪费时间又损伤身体；但也有人会开动脑筋，通过四处求教、上网查阅文献等方式寻找科学的晨跑诀窍，并逐渐喜欢上了跑步。

晨跑方法确实很重要。如果晨跑方法不科学，不仅达不到健身效果，还会损害身体健康。

以下 8 个方面是晨跑应该注意的事项：

（1）是否有充足的精气神？

晨跑一定要保证精气神充足。保证精气神充足的最佳方法就是确保充足的睡眠。如果练习者计划去晨跑，那么前一天晚上 10 点半之前必须睡觉。这样不仅精气神充足，而且效果显著!

(2) 是否空腹?

如果身体健康,没有疾病,可以空腹晨跑。如果有低血糖症状或者已经出现"三高"(高血压、高血脂、高血糖)的慢性病,最好不要空腹晨跑,可以在每次晨跑出门前吃两片面包,喝一杯水。这样跑起来更有劲,血糖也更稳定,而且不容易消耗肌肉,跑步的时候胃也不会不舒服。

(3) 是否进行了系统化热身?

热身是一套系统的活动。晨跑者会发现每天早上起床后肢体比较僵硬,关节有时候也会出现弹响,这种状态绝对不适合跑步,所以要进行系统化热身,即把全身各肌肉群全部拉伸一遍。不管进行什么运动都应该全身拉伸,如果跑步只拉伸下肢,背阔肌的核心作用就得不到有效发挥。如果早晨只慢跑 2~3 km,本身就是热身,不需要再进行额外的热身和拉伸。如果准备快跑 5 km 以上,就必须先热身,后拉伸。建议晨跑不要太剧烈,可以把晨跑作为一天活动的热身,以确保精力充沛。一般建议把剧烈运动放在下午。

一天当中早晨的温度一般较低。此时跑步运动,应当密切注意温度的变化,适当增减衣物,严防感冒。夏天的温度较高,一般不需要热身太久,小跑一会儿,拉伸不可太用力,如果用力拉伸反而容易拉伤。

系统化热身的正确的做法是:先快走出门,到达跑步地点后拉伸肌肉韧带;再小范围低速慢跑,做一会儿高抬腿和开合跳;待身体出汗后,慢慢加速,千万不要快速猛跑!

(4) 跑步后是否及时补充营养?

跑步后的营养补充十分关键,跑步后身体需要营养和能量。此时如果补充充足、均衡的营养,身体修复的速度是最快的，恢复的效果也是最好的。跑完步后，跑步者可以喝一杯燕麦牛奶，吃一个全蛋、三片面包、适量水果，这样在上班后就不会有饥饿感，同时身体修复也比较快。如果出汗多，需要适当补充一些盐分，可以用咸鸭蛋代替水煮鸡蛋。

（5）运动量的选择是否合理？

运动量不宜过大。早晨跑步千万不要过量，速度也绝对不能太快。建议大家早晨跑步半个小时，跑距大约 5 km。虽然速度不快，跑量不大，但跑步效果很好，不影响一天的正常工作或学习。

除了上述几点需要注意之外，运动后拉伸关节韧带也很重要。注意要静态拉伸，避免动态拉伸。另外，装备要根据季节和当日温度进行调整，比如冬天注意保暖，不能因为跑步时身体会发热就穿得太少。跑步宜穿跑步鞋，以增加跑步的舒适性。在公路上跑步时，不建议一边跑一边听音乐，注意力要集中，需要观察来往车辆，避免发生意外。

6. 跑步锻炼好还是游泳锻炼好？

跑步和游泳都是非常好的有氧运动，长期坚持锻炼对提高身体素质、保障身体健康及减肥减脂、塑身塑形等均有很大帮助。相比之下，二者又各有利弊。

（1）能够接受的运动群体有所不同

跑步是一种男女老少皆宜的运动方式，只要没有重大疾病或伤残，一般都可以参加；而相对来说，游泳对运动者的健康、年龄、身体条件、运动经历等都有更高的要求。

（2）能够开展运动的场所不同

跑步可选择的场所较多，诸如健身场所、操场、广场、公园、城市街道、山坡林地等都可以进行；而游泳对场所和环境的要求相对苛刻，不仅要求有充足的水源，还应保证水质卫生、场地安全等。

（3）对季节和气候的要求不同

跑步运动一年四季皆可开展，对气温的要求也不高；而游泳则要求较高，至少在冬季，能适应冬泳环境的人较少。

笔者不推荐游泳锻炼的5大理由：

① 游泳的原始目的不是运动，而是晒太阳

你见过很多的黑人游泳选手吗？为什么白人能独霸泳坛？这不是体力问题，而是体质问题。黑人长期生活在热带，沐浴着充足的阳光；而白人在欧美经常因日照不足而发愁，所以他们很喜欢到阳光明媚的海边去接受日光浴，顺便在水中做游戏，这种水中游戏慢慢就演变为游泳这项运动。非洲日照时间长，黑人有充足的维生素D合成，他们的骨量和肌量都高于白人，人体的密度更大，在水中需要更大的浮力，游泳时需要消耗更多的体力。黄种人介于二者之间，与白人相比存在一定运动差异。究其原因，关键是国内的游泳设施大多是晒不着太阳的室内泳池。相比之下，户外跑步就体现出了天然的优势。

② 室内游泳池的水质不能保证

水质不好带来的危害有三：一是长期吸入大量含氯水汽会对人体的呼吸道造成伤害；二是长期泡在非流动的水环境中，会对皮肤造成一定损害；三是非流动的水也影响眼部卫生，导致夏季红眼病出现的概率较大。此外，天然水域还存在着溺水的风险。

③ 与不游泳的人相比，长期游泳的人骨密度要低一些

游泳时，人一直在减重状态下运动，骨骼接收到的力学刺激下降。由于关节得不到有效的刺激，所以骨密度也不会提高。相比较而言，跑步对关节的锻炼要强，所以关节受伤的风险也比游泳大。关于跑步引起的膝关节疼痛无须过多顾虑，初跑者因膝关节不适应引起的疼痛，只要科学坚持，两周后就会消失了，而且人的体能水平也会随之上升，膝关节的稳定性逐渐提高，让跑步者越来越轻松！

④ 与游泳相比，跑步更加安全

游泳的各种泳姿动作基本上不是人类日常生活工作所做的或需要的，特别是上肢的过顶动作更容易损伤肩关节。有一种常见的运动损伤叫"游泳肩"，就是指过顶频繁引起的肩袖损伤。相比较而言，跑步是较安全的运动。

⑤ 与游泳相比，跑步更节约时间和金钱

如果想通过游泳达到与跑步一样的运动量和锻炼效果，就需要花费更多的时间和费用。

综上所述，笔者认为游泳并非是最适合中国人的运动项目，或者说并非是中国人首选的健身运动项目，至少排在跑步之后。但也不反对已经习惯了游泳健身的练习者坚持游泳。一个人采取什么样的运动方式要根据个人的健康状况、运动爱好、锻炼习惯、生活环境等因素综合考虑，自主决定。因此，并没有统一的标准和答案，只是提醒大家，可以通过其他运动方式避免游泳带来的不良影响。

下面讲个故事，提供大家一个新的思考角度。

笔者有一次查房，发现一位看上去既健壮又文雅的68岁男性患者左髋部骨折。仔细检查后发现，他的皮肤有暴晒过的印记，就试着问了一句："您是不是经常游泳？"他说，是

的,并且不解地问:"经常锻炼怎么还会摔骨折,不是说骨质疏松才会髋部骨折吗?"

笔者把五大理由讲述了一遍,他才醒悟!

事实上,笔者也不是不推荐游泳项目,而是希望大家从事多种项目训练。这就跟吃东西一样,吃的种类多,营养才会丰富。

7. 抑郁症和运动行为关系密切

抑郁症是青少年自杀死亡的主要原因之一,也是成年期精神障碍和社会问题的预测因素。随着社会经济的发展和对精神疾病的不断深入研究,我们已经不能忽视抑郁症这个会导致残疾的严重的社会公共卫生问题。经研究证明,患有严重非传染性慢性疾病(non-communicable chronic disease,NCD)的病人(心血管疾病、慢性阻塞性肺疾病、糖尿病等),同时患上抑郁症的比例较正常人高出 2~3 倍。所以治疗 NCD 患者的抑郁症或亚临床抑郁症状具有重要的临床意义。

近年来,越来越多的人开始关注运动行为与抑郁症状是如何关联的。运动行为包括不同强度的体育活动、久坐行为和睡眠行为。某些形式的活动与久坐行为在不同社会情景下与抑郁症状的相关性不同,例如,有研究显示使用电脑是引发抑郁的一项危险因素,但看电视或打游戏与抑郁不呈现显著相关性。

为了更全面地涵盖运动行为,探索其与抑郁症状的相关性,研究者做了一项实验,即假设青少年观看屏幕的所有行为、日间嗜睡度与抑郁的发生呈正相关；所有体育活动、睡眠质量和时间与抑郁的发生呈负相关。研究表明，加速度计监测下的体育活动、久坐行为和睡眠的结果与抑郁症状不相关。而青少年自我报告的结果显示体育活动是抗抑郁的，但社交媒体的使用、日间嗜睡度与抑郁的发生呈正相关。

2019年2月《英国运动医学杂志》中的一篇文章也对运动与抑郁症进行了一项荟萃分析。该研究由多学科（包括流行病学、心理学、运动科学等专业）学者参加，证明了有氧运动对严重的非传染性慢性疾病患者的抑郁症状有缓解作用。同时，提示有氧运动对于严重的非传染性慢性疾病患者，尤其针对心脏病患者的抑郁症状或者亚临床抑郁症状治疗具有重要的临床意义。这项研究将有氧运动人群与接受标准临床护理的人群相比较，荟萃分析纳入了24项研究（共调查4 111名患者），使用临床评估工具测量抑郁或使用有效的自我报告，设计问卷去调查抑郁症状。研究者在得到数据之后运用了唐氏筛查等手段进行了严谨的分析。结果提示有氧运动在减轻心脏病患者的抑郁症状方面特别有效，有氧运动比常规治疗更能缓解抑郁症状。

下面引用一篇2020年8月发表在 Journal of Sport and Health Science 上的文献资料"Movement behaviors and their association with depressive symptoms among Brazilian adolescents：A cross-sectional study"（《巴西青少年的运动行为及其与抑郁症状的关系》），旨在明确青少年自我报告和仪器监测的运动行为与抑郁症状的相关性。

这篇论文调查了610名14~18岁的青少年。收集使用流行病学研究中心的抑郁自评量表，并分析青少年自我报告看视频、打游戏、使用社交媒体、体育活动和每日睡眠的时间。

腕带式加速度计被用于监测睡眠时间、日间嗜睡度、久坐时间和体力活动。资料收集后采用混合效应逻辑回归分析。

实验结果表明，青少年在活动或久坐时所做的事情可能比花在运动行为上的时间更重要，因为这与抑郁症状相关。注意调整白天睡眠时间、加强运动和限制社交媒体使用，可能对青少年是有益的。

8. 漫谈补充营养

对生长期的儿童和青少年而言，如果遇到患感染性疾病、手术后、大运动量后等情形，都需要额外补充更多的蛋白质。

运动量少的成年人切忌每天一味想着食用营养品进行滋补。因为易疲劳、没精神等症状是缺乏运动的结果。忽视运动而只谈营养是不科学的。

蛋白质的代谢平衡称作氮平衡。一般情况下，正常人每天摄入 30 g 蛋白质即可。

对于运动者和需要补充更多蛋白质的人群来说，除了强调蛋白质种类平衡以外，整体营养都需要保持平衡。早餐仅注意补充蛋白质而忽略碳水化合物的摄入是有失偏颇的。

粥其实是一种既容易吸收又有利于保养胃肠道的健康食物。对于一种食物的取舍需要理性分析、科学判断！

人体的营养代谢虽然有时间性，但肯定不是上午消耗早餐、下午消耗中餐、晚上消耗晚餐。其实人体的合成代谢主要在晚上睡眠时进行，白天主要是分解代谢。与三餐关系更为密切的物质应该是碳水化合物。人体合成蛋白质是成比例地利用各种氨基酸，只靠一顿饭是不够的，所以补充蛋白质应该是全天候的，每一次的摄入都大有裨益。值得注意的是，当代人往往不是营养不足，而是营养过剩；不是营养不够，而是营养比例失调；不是缺乏营养，而是缺少运动！如果能够均衡饮食，那么什么营养也不会缺。健康人千万不要盲目偏爱一种或几种营养物质长期食用，这样滋补反而会越补越失衡。

健康是每个人的权利，并非完全是医生的权利！医生的职责是帮助每个人更好地享受这个权利。

为什么这样讲？因为老百姓一旦提到健康或者健康管理，一定会联想到医生、专家、医院。

可是到了新疆和田、广西巴马，或者许多其他长寿乡，遇到一个个百岁长寿老人的时候，我们没有一个人会问这些百岁老人："您是学医的吗？哪个医生给您看的病？您在哪家医院住过院？"我们绝对不会去问这些可笑的问题，反而一定会问："您是怎么吃的？怎么生活的？如何运动的？您有哪些好的习惯？"

这时，你会突然发现：原来健康跟我们的一日三餐、运动生活，跟我们的心情和生活环境息息相关。

说到这里，笔者想告诉所有人：健康归自己管理，也是自己的权利。不要轻易放弃，更不要认为健康知识是一些很专业、很复杂的医学知识。

其实，健康知识是我们生活当中点点滴滴的智慧。健康状态是每个人遵守自然规律的结果。

9. 运动和喝酸奶都不简单！

有些人认为运动和喝酸奶一样简单。不知道他们是对运动不了解呢，还是对酸奶没有研究？这里需要强调的是运动和喝酸奶都不简单。

酸奶是维持肠道微生态平衡的有效食物。

可以说，运动医学与肠道微生态的研究是21世纪健康领域颇有价值的研究！

虽然以科学方法还不能进一步揭开二者的神秘面纱，但也正因为如此，可以发现另一种认识世界的方式！

因为这是人类迫切的需要！

下面引用一篇于2018年9月发表在 Front Microbiol 上的论文资料 "Response of Gut Microbiota to Metabolite Changes Induced by Endurance Exercise"（《肠道微生物群对于耐力训练所致代谢改变的反应》），用以研究分析马拉松等耐力训练对人类肠道菌群的影响。

这篇论文针对半程马拉松业余跑步者进行了研究，分析其肠道菌群是否会即时响应内环境的代谢改变。我们使用非靶向代谢组学和16S rDNA序列分析的方法针对研究对象排泄标本的代谢特征和菌群进行了分析。40例完成半程马拉松的研究对象的标本均发现了明显的代谢改变。改变最明显的代谢产物是有机酸（主要增加的代谢物）和氨基酸组分（主要减少的代谢物）。跑步所引起的内环境改变并未影响肠道菌群的α多样性，但某些特定微生物的数量在跑步前后发生了明显的改变。研究发现肠道红椿菌科菌群可以被认为是连接运动与健康效应的生化标志。功能解析显示受试对象跑后肠道菌群的细胞运动活力明显增强。相关性分析提示本研究中发现的肠道菌群变化可能是运动与饮食的共同效果。本研究首次从肠道菌群的角度分析了马拉松运动的健康效应。

这篇论文的研究结果显示，长距离耐力训练能够即刻引起肠道环境代谢产物的明显改变。肠道菌群能够通过改变特定菌落的比例快速响应肠道代谢物的改变。这些发现从肠道菌群的角度显示了体育锻炼的健康促进效应。

10. 腹泻、感冒后多久可以恢复运动？

众所周知，感冒、发热、腹泻都会影响人体免疫力，这时人体需要休息，加强营养，集中精力消灭病毒。如果退热了，不腹泻，就意味着疾病被控制住了，随即可以恢复运动。关键是恢复运动的时机如何掌握？关于这一点目前还没有定论。

笔者有一次不知道吃了什么东西引起不适，腹泻严重，24 h 内去了四次厕所，而且当时还在外地出差。总体感觉还行，除了腹泻、前腹部疼痛以外，并不是特别难受，而且好在没有发热。当时没有吃药，没有跑步，没有进行力量训练。但是有一个特别的症状：饭后发现牙齿痛得厉害，但是休息一晚后便不痛了。次日白天一天无异常状况，下午 5 点跑步 4 km，出了汗、洗了澡，感觉很舒服，再休息一晚后状态恢复如常。

笔者的经验是，"感知身体"非常重要。

要知道自己身体处于什么状态，如有不适，立即停止运动；如果感觉正常了，及时恢复运动。养成运动习惯并不容易，人们大多会以各种借口放弃运动，疾病就是较为"充分"的理由。

因此，坚持适量运动，养成健康的生活方式十分重要！

十一、衰老篇

1. 人体是先从腿开始衰老吗？

有人认为，腿部最敏感。俗话说，人老先老腿，树老先枯根。随着年龄的增长，腿部最先有异常的感觉。腿部承担人体的大部分重量，随着年老体衰、关节退化、肌肉萎缩，许多老年病都出现了，诸如膝关节疼痛、肌无力等疾病，导致老年人生活质量下降。

还有人认为，腿部开始衰老是从关节软骨开始的。因为从生物力学的角度来看，由于各种原因致使软骨营养失衡、软骨退化、弹性下降、厚度变薄、运动功能减退、肌肉萎缩、心血管退化、激素改变、智力减退、整体衰老，所以说关节软骨是人体最先衰老的部位之一。

人体是一个动态平衡的系统。自然退变不可逆转，但人为损伤和消耗是可以调整的。当损伤消耗与修复重建达到平衡时，就是人体代谢的最佳状态。生命在于适度运动、适度补充营养、学习调整和适度恢复。

一般地，人体在30岁左右就开始走下坡路了，最明显的变化就是椎间盘脱水变性。椎间盘就是人体的一种软骨成分，坐立行走都需要它保持张力，只有平卧才是它的休息位。椎间盘早期脱水退变只是生理上的缓慢改变，人们不一定能感觉得到。

如果能够感觉到自己开始衰老，一般会有以下表现：皮肤脱水、色泽改变、性能力下降、视力下降、肌肉力量下降、心肺耐力下降等。一般而言，适量运动可以延缓这些方面的变化，从而延缓衰老。

其实，只要科学合理、持之以恒地进行运动，运动系统是可以延缓衰老的。

马拉松跑者中有一些老人，他们的膝关节都较为强健。

许多人膝关节出问题主要是因为错误地使用了膝关节，而不是因为衰老。当今进行运动锻炼的人非常多，膝关节出问题的也非常多。

延缓衰老就要像钟南山院士一样坚持跑步，坚持力量锻炼，外加科学合理的营养，包括蛋白质、维生素、矿物质等的适量摄入。

那么如何保护腿部及增强腿部力量呢？其一，年轻人如果有条件，最好在专业人士的指导下多练习深蹲及其他腿部的器械训练，如果条件不具备，可以在家里练习自重深蹲；其二，在跑步、球类等运动中注意膝关节的保护及运动后腿部的拉伸和放松；其三，上了年纪的人注意腿部保暖，在看电视或空闲的时候多做小腿和足部按摩。

如何保养膝关节及延长膝关节的使用寿命呢？人的正常关节之间有一层软骨，随着年龄的增长及过多磨损，关节得不到保护和营养的滋润，就会出现损伤、退化和疼痛，所以要十分注意保护。一是运动要科学适度，不能过度。适量的运动对关节有诸多好处，就像对汽车进行保养之后，开起来更加舒服；反之，运动过量则会对关节造成伤害。二是加强关节周围肌肉的锻炼，多按摩、多拍打，促进滑液分泌，润滑膝关节，中医称之为"通畅气血"。

总之，人的衰老是自然规律，谁也避免不了。但是如果锻炼好我们的腿，当我们老了以后还能健步如飞，对自己、对儿女来说，何尝不是一种幸福呢？

下面是身体器官衰老时间表（表11-1），供大家参考。

表 11-1　身体器官衰老时间表

序号	部位	男性	女性
1	脸部	男性从35岁脸部皮肤开始出现干燥、粗糙、松弛现象，面部轮廓不再清晰	女性从19岁半就开始长出第一条皱纹
2	肺	从20岁开始衰老。30岁时，男性每次呼吸会吸入946 mL空气；而到70岁，这一数字降至473 mL	从20岁开始衰老，到40岁时会出现加速衰老
3	大脑和神经系统	从22岁开始衰老。大脑中的神经细胞会慢慢减少。40岁后，神经细胞以每天1万个的速度递减，从而对记忆力及大脑功能造成影响	
4	头发	男性头发从30岁开始变白，60岁以后毛囊变少，头发变稀	女性则从35岁左右开始变白
5	乳房	40岁后，男性乳晕会急剧收缩	女性从35岁开始衰老，随着体内雌、孕激素水平减少，乳房逐渐衰老、下垂
6	肌肉	从30岁开始衰老。肌肉一直在生长、衰竭、再生长、再衰竭。30岁后，肌肉衰竭速度大于生长速度。过了40岁，人们的肌肉开始以每年0.5%~2%的速度减少	
7	骨骼	从35岁开始衰老。25岁前骨密度一直在增加。但在35岁时骨质开始流失，进入自然老化过程。80岁时身高会降低5 cm	

续表

序号	部位	男性	女性
8	心脏	男性从40岁开始衰老。随着身体日益变老,心脏向全身输送血液的效率也开始降低,45岁以上的男性心脏病发作的概率较大	55岁以上的女性心脏病发作的概率较大
9	牙齿	从40岁开始衰老。40岁以上的成年人唾液分泌量会减少。唾液可冲走细菌;如果唾液减少,牙齿和牙龈就会更容易腐烂。牙周的牙龈组织流失后,牙龈会萎缩	
10	眼睛	从40岁开始衰老。近距离观察事物会非常费劲。接着,眼睛适应不同强度的光的能力降低,对闪耀的光更为敏感,所以不适合夜晚开车	
11	肾	从50岁开始衰老。肾小球滤过率从50岁开始减少,后果是人失去了夜间憋尿的功能,需要多次上卫生间。75岁时的肾小球滤过率是30岁时的一半	
12	前列腺	男性从50岁开始衰老。前列腺增生可以引发包括尿频在内的一系列问题,这个问题困扰着50岁以上的半数男性。正常的前列腺大小有如一个胡桃,而增生的前列腺则有一个橘子那么大	—
13	耳朵	人的听力从55岁左右开始下降。60岁以上的人半数会因为老化导致听力受损。耳聋老人的耳道壁变薄、耳膜增厚、听高频度声音变得吃力,所以在人多嘈杂的地方,交流十分困难	
14	肠	从55岁开始衰老。健康的肠道可以在有害和"友好"细菌之间找到良好的平衡。肠内"友好"细菌的数量在55岁后开始大幅减少,这一幕尤其会在大肠内上演。结果致使人体消化功能下降,肠道疾病风险增大	
15	舌头和鼻子	从60岁开始退化。一生中舌头上最初分布有大约1万个味蕾。60岁后这个数可能减半,味觉和嗅觉逐渐衰退	

续表

序号	部位	男性	女性
16	声带	从65岁开始衰老。随着年龄的增长,我们的声音会变得轻声细气,且越来越沙哑。这是因为喉咙里的软组织弱化,影响声音的响亮程度	
17	膀胱	从65岁开始衰老。65岁时,我们更有可能丧失对排尿的控制。此时,即便尿液尚未充满,膀胱也会忽然间收缩。如果说30岁时膀胱能容纳两杯尿液,那么70岁时只能容纳一杯。膀胱肌肉的伸缩性下降,使得其中的尿液不能彻底排空,容易导致尿道感染	
18	肝脏	从70岁开始衰老。肝脏似乎是体内唯一能挑战衰老进程的器官。肝细胞的再生能力非常强大。手术切除部分肝后,3个月之内它就会长成一个完整的肝。如果捐赠人不饮酒、不吸毒、没有患过传染病,一位70岁老人的肝也可以移植给一位20岁的年轻人	

2. 保持多大的运动量合适?

运动量和年龄有关,但也不完全由年龄所决定!

运动量达到多少才合适是每个人都想知道的答案。其实最佳答案因人而异,具有个性化特点。

运动量受体能状态、健康状态、季节因素、疲劳程度影响,人们应当根据不同情况,作出适当的调整。

事实上,练习者应该了解一个运动量标准,以便随时进行调整。一般来说,一周运动3~5次,一次30~50 min,保证中等以上强度的运动量即可。

一般情况下,每人每天需要有一个基本活动量。如果以步数计算的话，5 000 步左右即可。有媒体报道称，如果每天进行一次运动，剩下的时间都在静坐少动中度过，那么全因死亡率不会下降。

运动贵在持之以恒。只有坚持运动，养成良好习惯才能从运动中获益。注意坚持运动不是每天进行中高强度运动。只有保持持续运动状态，才能保持良好的免疫力。一旦停止运动一个月，就会前功尽弃。如果一个月不做运动，肌肉力量会下降 30%；卧床一个月，骨量会丢失 30%，心肺耐力也会明显下降。

看到这里，您知道该有多少运动量了吧？

运动贵在总量，而不是单独一次的量！单次量也很重要，原则上需要循序渐进地增加。

3. 逆转衰老，保持年轻

人发育的顶点就是衰老的起点。

大脑和神经系统在 40 岁左右发育到顶峰，之后神经细胞以每天 1 万个的速度递减，记忆力开始下降。肺部从 20 岁开始衰老，70 岁时会下降到 30 岁的一半水平。免疫系统在 40~60 岁会下降约 35%。肌肉、骨骼在 30 岁左右到达顶峰状态后开始萎缩衰老，皮肤也开始粗糙、松弛。40 岁以后状态下降速度会加快。

自古以来，人们就有长生不老的愿望。

人们通过不断探索、不断研究，得到的方法很多，获得的产品也很多。

这些似乎都有效果，又似乎都没有明显效果。

那么，运动在抗衰老中扮演什么角色呢？

第一，逆生长从心开始，有氧运动更重要。心脏会在40岁左右开始衰老，男性45岁、女性55岁以后心脏病风险明显增加。建议老年人每年至少检查一次心肺耐力和血管弹性，运动时量力而行，避免突然增大运动量对心脏和血管造成损伤。基础心率越低，寿命越长。很多研究表明，高心肺耐力有助于降低全因死亡率，积极活动的人群因冠心病死亡的比例比普通人群要低40%，而久坐人群心脏病发病率则会增加30%。一般对保持健康的运动量的要求是每周进行150～300 min的中高强度有氧运动。

第二，逆生长需综合治理，保持健康的生活方式。大家都同意的一个观点：保持健康的生活方式很重要。健康生活方式包括合理膳食、适量运动、戒烟限酒、心理平衡。合理膳食的关键是对量和质的把握，摄入总量应与消耗总量基本持平，推荐多食用新鲜食材；心理平衡很难衡量，笔者在很多场合进行过讲座和授课，也调查过老年人的看法和做法，人们普遍认为，能睡得着觉就是心理平衡。保持优质睡眠固然重要，但是睡眠质量稍差也不要过分焦虑，越焦虑越失眠。如果能做到戒烟、限酒，既保护了自己也令他人快乐；跑步、举重都抵偿不了抽烟带来的肺损伤，也抵偿不了熬夜带来的副作用。适量运动实际上就是要避免不动，但也不能过量。大批久坐少动的人士需要关注：体力活动不足是导致死亡的四大危险因素之一。据世界卫生组织报道，全球范围内死亡的主要危险因素是高血压（13%）、吸烟（9%）、高血糖（6%）、体力活动不足（6%）、超重或肥胖（5%）。

第三，逆生长是漫长的过程，想要留住青春岁月不能一蹴而就。我们希望年轻一辈子，而不是一天、一个月。任何方法和产品的作用都是有时限的，必须持之以恒，才能产生效果，保持年轻。肢体制动一个月，肌肉就会损失30%；卧床一周，全身骨量流失1%，心肺功能下降10%。有不少人一直在尝试冲击自己的身体运动极限，其实，挑战自我最好的方法就是看自己能坚持运动多少天、多少年。从开始就要把养成可持续的运动能力作为目标。

那么，人活到多少岁为长寿？

到目前为止，平均预期寿命较长的国家大概当属北欧几个国家和日本了，平均寿命大约是85岁，女性寿命比男性寿命长约5岁。中国北京、上海、苏州等城市的平均预期寿命也是这个水平。

谁不追求长寿，谁又不想长寿呢？

人体全身细胞均有一个老化的过程，人到了一定年纪，新陈代谢越来越慢，老化的身体细胞得不到更新，身体就会衰老下去。直到身体细胞老化到不能维持生命时，人就会自然死亡。这个过程大概要经历100年，100岁也成了人类的预期寿命。

其实在我们身边80多岁的老人相对较多，90岁以上的已经很少了，100岁以上的更是寥寥无几。高寿老人，着实令人羡慕。

很多人到了晚年罹患各种疾病，难忍病痛折磨；如果是百岁老人，他们的子女若已经去世，还要忍受与亲人离别的痛苦，是何等煎熬！

很多男性到了80岁就已经属于长寿的人群了，而女性到了85岁仍然健在的人数比男性的人数多，这与男性的不良嗜好、性格及从事重体力劳动有关。据世界卫生组织最新资料显示，中国人的平均寿命约为 76 岁。

笔者认为，注意饮食，养成良好的作息习惯，调整情绪，经常运动，活到 80 岁完全是可以的。

如果进食太油腻、太咸、太甜、太多，以及常饮烈性酒、吸烟、熬夜、紧张、恐惧、较少运动等，对人的健康都是不利的，迟早会引起疾病，使人未老先衰，甚至死亡。所以养成良好的生活习惯，健康的生活方式对于延年益寿是非常重要的。

假如你现在 80 岁，想争取活到 100 岁，还有 20 年光阴。你应该坚定信心，坚持锻炼，充实生活，身心愉悦，愉快地度过每一天。此外，要多学习一些古今中外的养生妙诀，掌握科学医疗知识，正确对待人生，正确对待疾病，少生气、不生气，多交老年朋友，回忆美好时光，共度晚年幸福生活。

人生就是生与死之间的一段美妙的旅程。但愿日落西山人不老！

4. 对于老年人的 4 点运动建议

（1）养成运动习惯，懂得劳逸结合

规律的运动才能让老年人身体保持健康。停止运动连续三周后，心肺有氧能力和肌肉力量都会明显下降。恢复运动需要从头开始，循序渐进地进行。坚持运动不是每天进行中高强度运动，只需每周坚持 3~5 次中高强度运动即可。

（2）重视肌肉力量锻炼，保持肌肉力量

随着年龄的增长，老年人肌肉力量会逐渐下降，而通过力量训练可以减缓肌肉力量下降的速度或保持肌肉力量，预防跌倒。

从椅子上站起、坐下不少于 10 次/min。

自重训练，如深蹲；器械训练，如哑铃。这些都是适合老年人的锻炼方式。

（3）保持基础活动量，适当增加运动量

很多慢性病是由缺乏运动引起的，每天慢走 5 000 步可使慢性病的发病率下降 50%。

建议隔日增加一次心率达到 100 次/min 的活动，持续 30 min 左右。这样就可以更好地保持心肺有氧能力。

（4）正确认识关节痛，谨慎使用止痛药

疼痛是人体的保护性反应。

长时间没有活动的膝关节在刚开始跑步的几天里或者上下楼梯以后出现疼痛是正常现象。

如果减少疼痛关节的活动量可以好转，就不要随意使用止痛药。如果有明显扭伤或其他外伤，才有必要去医院就医。

5. 关于老年人体育运动的共识

2018 年 12 月 19—22 日，来自 9 个国家的不同学术领域的 26 名研究人员在丹麦斯内克斯滕开会，以达成关于老年人体育运动的循证共识。

众所周知，老年人群的异质性较高，在整个生命过程中具有能力、保持活力和健康的人，也包括那些变得非常老、伴有衰弱和身体功能减退的人。

这项共识运用了多种方法学的知识，包含流行病学、药学、生理学、神经病学、心理学和社会学，并指出每种方法学的优点和局限性。

共识中大部分证据都是基于观察与随机对照干预的纵向研究和关于社区老年人健康的量性与质性的社会学研究得来的。然而，也考虑到了关于衰弱老人和年龄相关神经性退行病变的研究，诸如阿尔兹海默症、帕金森综合征和几例分子学与细胞学的动物研究。

这项共识区分了体力活动与体育运动的概念。日常生活中的体力活动包括工作、外出往来、家务和闲暇时间的体力活动。体育运动是比休息状态消耗更多能量的身体活动，其特征通常是从低、中至高强度的运动。运动是一种有计划的体育活动，是更加明确要改善心血管功能、认知功能、平衡功能和肌肉力量等的运动。

这项声明总结了关于体育运动对于老年人健康、认知功能、身体功能、社会活动能力、生活积极性、心理幸福感和社会归属感的影响，包含了关于体育运动实施战略的共识。虽然共识也指出运动时可能会发生不良事件，但是通过谨慎选择适宜的运动方式，对存在身体衰弱、伴多种病症、有胸痛、心律失常或眩晕等运动不良反应的病人进行医学干预，可以使这种风险降到最小。

6. 寿命长短取决于运动还是心理？

有人说决定人寿命长短的不是饮食或者运动，而是心理。

笔者认为这只是一种说法而已！应该说决定人寿命长短的主要是基因和生活方式。

寿命长短的影响因素有很多，如果多加注意了，就有可能活到期望的年龄，比如 100 岁。

如果没有养成健康生活方式，就会缩短寿命。饮食、运动、心理、抽烟、喝酒、熬夜、赌博等都会对人体健康产生影响。

影响人体健康的因素是综合性的，只关注一两个是不行的！

2009 年，诺贝尔生理学奖得主伊丽莎白·布莱克本发表过一些论文。这些论文证明，当一个人的压力比较小的时候，细胞染色体端粒的缩短速度会慢一些，这意味着一个人的寿命会更长。

这种说法是有科学依据的。实际上，一个人的心理状态会影响身体内的激素分泌水平、血压、心率等一系列生理指标。长期心情压抑的人生病概率会更高，当然寿命也就比不上那些心理状态长期良好的人了。

但是，这并不是说心理因素比饮食和运动更加重要。相反，伊丽莎白·布莱克本本人与心理学家伊丽莎·艾波曾撰写过一本书，名为《端粒效应：让你更年轻、更健康、更长寿的革命性方法》，其中提到个人压力、睡眠质量、饮食、锻炼和精神面貌都会影响个人寿命。

另外，人的心理本身就强烈地受生活方式的影响，比如说一个人通过合理的运动和饮食可以获得更加轻松的生活状态，所以很难非常严格地界定饮食、运动和心理分别对寿命的影响有多大。相反，有些人标榜开心最重要，所以嫌累不运动、熬夜、暴饮暴食、高糖高油、酗酒抽烟。这样的人寿命能长得了吗？

因此，保持心理健康确实非常重要，但是合理的饮食、运动也同样重要，缺一不可。

7. 谈谈高血压与运动的那些事儿

2020年5月17日是第16个世界高血压日，宣传主题是"精准测量　有效控制　健康长寿"。

我国现有高血压患者3亿余人，高血压被称为危害我国居民健康和生命的"无声杀手"。控制高血压有利于减少心脑血管疾病，让人类健康长寿。

有些老人长寿是在药物保护下的寿命延长，民间流传一句话叫"弯扁担，压不断"。那么如何追求健康长寿呢？

血压是一个很好的衡量指标。笔者在门诊见到不少80岁以上血压正常的老人，他们都很精神，相对偏瘦一点，活动量也比较大，有时会出现颈肩腰腿疼痛的症状，但没有"三高"等慢性病。

人体的血压有一定的波动性，比如夏天低一点，冬天高一点；白天高一点，晚上低一点；激动时升高，平静时降低；站起来时升高，躺下去时降低；运动时升高，运动后降低。有氧运动可以使高血压病人在安静状态下的血压降低5~7

mmHg（1 mmHg＝0.133 kPa）。人体的自主神经系统使血压保持在一个相对恒定的状态。

虽然运动时血压会升高，但长期运动可维持血压稳定。其机理比较复杂，但有一点值得注意，如果体重不能下降到合理水平，运动降血压是不可能实现的。一般运动降压效果能够保持 12 h，如果想保持，必须减重。所以运动降压实际上是运动保持体形、保持活力的结果。

有些运动结束后，会出现低血压的情况。例如，哑铃、杠铃训练后人会出现低血压的症状。

还有一种运动结束后，会出现高血压的情况。例如，抗阻运动发力时，人憋气过度会出现高血压的症状。所以已经有高血压的练习者做阻力运动时需要更加注意。

高血压病人不需要高强度的有氧运动，中等强度就可以获得最佳的运动效果。

有人问，高血压患者可以跳绳吗？笔者的回答是，因人而异。弹跳能力强的患者，就可以进行跳绳这种有氧运动；弹跳能力差的患者，跳绳很可能变成无氧运动。跳绳比较适合青少年和青壮年女性。如果练习者能够坚持 10 min 以上的运动而不觉得气喘，就可以继续坚持这项运动。

8. 运动不当，骨质疏松

大部分原发性骨质疏松是缺乏运动的结果，重力性运动有助于增加骨量。游泳、使用椭圆机等均属于减重运动，长期坚持单一的减重运动，骨量必然比练习其他项目的运动者要低！其实慢跑就很好。某日，笔者在病房查房，看到一位68岁老年男性，红光满面，肌肉也不错。他因洗澡滑倒导致髋部骨折，笔者下意识地问他："是不是经常游泳？"他说："已经坚持10多年了。"

一般骨量减少或骨质疏松的人平地摔倒，会引起髋部骨折或脊柱椎体骨折，医学上称为低能量损伤。这种损伤在老年人群中比较常见。众所周知，缺乏运动的人容易患上骨质疏松；但是一般情况下，人们很少注意到坚持运动的人也会骨量下降。如果担心损伤膝关节，长期从事单一的水上运动（比如游泳），虽然也做了减重运动，但缺乏对骨的重力刺激，也会导致骨质疏松。

那么，入冬以后老年人如何预防跌倒呢？

最好的方法是，小步、外八字、慢慢走。这也是企鹅的走路特点。

如果平时注意核心与重力锻炼，核心肌保持平衡有力，骨质量保持致密坚强，老年人即使跌倒也不会骨折。

十二、活力篇

1. 磨刀不误砍柴工

体育运动能使学生在校期间获得益处，包括提高注意力、记忆力、行为控制力及学习成绩。教师也承认这其中的联系，但是由于课余时间与教学资源有限，教师在学生中引入体育锻炼项目仍然面临障碍。如果教师能够加大力度，多方强调体育运动的重要性，学生参与课余活动的积极性会更高。如果大家认识到运动也需要科学指导，那就会事半功倍，既节约时间，又健身健脑。

2019 年 6 月 5 日，学术刊物 Journal of Sport and Health Science 上发表的题为 "What do teachers see? Perceptions of school-time physical activity programs on student behavior"（《教师们如何看待学校里的体育活动对学生行为的影响》）的文章提道：

在课堂环境中决定学生行为的机制仍然很难确定。归根结底，若在课余时间和体育课之外宣传非传统的锻炼项目，教师应当很好地实施或者支持这些项目。虽然教师很关心认知健康、学习成绩和学生的整体健康，但他们还需要每天关注学生在课堂上的行为和注意力。要使校内锻炼项目取得成功和可持续发展，并提高学生的身体素质和挖掘学生的学习潜力，需要行政人员和教师支持，以增加学生锻炼的机会。这些均需要提供明确的策略、支持和鼓励，特别是对那些选择课间时间实施锻炼项目的教师，以便使这些休息不仅仅有助于学生进行锻炼，而且有助于提高学生的学习成绩。

这篇论文中提供的数据显示：参加运动项目的学生明显比没有参与运动项目的学生取得了更好的效果，即大部分学生能与他人合作、遵守课堂纪律、态度积极、与他人和睦相处。

2. 为什么有些健身人士喜欢倒三角身材？

审美标准是由社会文化等因素决定的。

唐朝以肥为美，汉朝以瘦为美。有人觉得双眼皮好看，有人觉得皮肤呈古铜色更漂亮。

做自己喜欢的事就好，不要太关注别人的议论！

有些健身人士，此处特指男性，喜欢倒三角身材。从生物遗传的角度来说，倒三角体形的人拥有更多的力量、更健康的体魄，当然也有更优秀的基因。从心理学的角度来看，三角形是最稳定的几何结构，带给人可靠与沉稳的感觉。

宽肩厚背、猿臂蜂腰，这是一个很基本的展现强壮与优美的形象。

健美体形在健美比赛的评判上是有标准的，在所有健美男运动员当中，似乎全是这种体形，即肩宽腰细。

男人的骨骼自然就是肩部略宽。经过健美训练之后，肩部（包括前束、中束、后束）全部锻炼得饱满了，再由背部的阔肌（包括斜方三角肌支撑），组成了上半身的倒三角顶端。至于腰部肌肉主要包括脊柱两侧的腰肌和构成腹腔的腹肌。腰的形状受腹部脂肪的影响更大，腹内是人体堆积脂肪的主要部位。健美又是一个减脂增肌的过程，只要把腰腹的脂肪减掉了，剩下的就是肌肉，自然腰部就比胸部要窄一些。所以，经过一段时间的健美训练，自然而然地就练成这种倒三角体形。

至于说，用虎背熊腰来形容男子的强壮和健美，其实也并不为过。腹部储存一定的脂肪是人体的生理需要，特别是中年男性，因为体脂率太低也会降低人体的免疫力。

健美运动员与大力士不同。健美运动员寻求的是体形的完美无缺。他们认真细致地雕刻身体上的每一块肌肉，让肌肉围度增大，至于力量倒是其次。这样虽然肌肉力量相对于大力士的肌肉力量要小一些，但可明显突出阳刚之美。

而大力士追求的是力量，自然在体形上没有什么特殊要求。

在健身房有句流行语：新手练胸，老手练背！因为胸部在身体前侧，也是大家比较喜欢展露的地方，各种炫酷的肌肉照都是胸肌和腹肌。因此，一些健身者觉得练出胸肌是一件令人骄傲的事情。

3. 什么年龄开始锻炼都不晚

人过五十，锻炼还有没有效果？会损伤身体吗？

许多人都是退休后才有时间健身，他们因运动而健康，并且从中获得了很多乐趣。

人的年龄分为实际年龄和生理年龄,实际年龄会随着时间的推移而一点点增长,而生理年龄取决于人们的生活方式和健康状况,它代表生命的活力。

健身没有任何年龄限制,永远不要低估自己的运动能力。研究表明,男性在 50~75 岁的年龄阶段,每年运动能力仅下降 3.4%。因此,即使年龄增大也不要畏惧篮球、足球、羽毛球等大强度的运动,适当进行无氧负重健身不仅能提高体能,还有助于减轻压力、放松心情。

随着年龄的增大,人体器官也在逐渐衰老,所以每天进行 30 min 左右的有氧健身运动会增加力量和柔韧性,起到延缓衰老的作用。

健身不能过度,需要控制力度和时间,以间歇式训练最为有效,并且需要增加健身的种类,进行交叉练习。

健身与年龄无关,什么时候都不晚,关键是要坚持。

40~50 岁正是人的身体开始衰老的关键期,但是从 50 岁开始健身,仍然值得鼓励。

近年来,人们对于在生活水平提高后应该如何保持健康、如何让自己的未来生活更精彩等问题,在思想认识、知识储备、行动决心上尚且准备不足,在保持健康生活方面也缺乏行动力。

当今社会许多人都是从 50 岁左右才开始健身锻炼的。笔者也是这个群体中的一员。笔者根据自己的运动经历,总结了运动锻炼的三个境界。

(1) 第一境界:改变形体不生病

45 岁左右,人就开始逐渐衰老了,衰老主要表现在体力明显不支,眼睛开始花了,头发开始白了,腹部脂肪堆积,血压也开始升高，特别是舒张压偏高，有时还伴有头晕、头痛，动则气喘。这种状态下如果有条件的话人们估计都会开始锻炼身体了。减脂、增肌、降血压就是首要目标，而且通过科学健身，努力半年左右这些目标几乎都可以实现。笔者半年减重 10 kg，血压回归正常。当然也要控制饮食，笔者的经验是不吃午餐，到现在已经坚持了 7 年多，一直保持标准体重。通过坚持跑步，体形也变得越来越健美了。

（2）第二境界：保持健康有活力

减肥成功以后，就要考虑如何养成坚持规律运动的习惯。笔者从跑 1 km 就开始气喘吁吁，到现在能轻松跑 10 km，其间经历了各种各样的坎坷。伤痛在运动过程中是不可避免的，想要轻松达到较高运动水平，那是不可能的，也是不现实的。很多人在一开始跑步时出现膝关节疼痛就以为不能再跑步了，结果一直也无法养成运动的习惯。在跑步过程中，跑步者也能体会到腹式呼吸对跑步运动的重要性。有的人天生会腹式呼吸，有的人必须通过训练才能获得。笔者花费了一年多的时间，付出了艰辛的努力才习惯腹式呼吸的方式，其间，笔者的膝关节、小腿、足底、髋关节、颈椎、肩关节等部位都出现过运动疲劳性疼痛和损伤，但都被成功修复，并且痊愈，状态也越来越好了！

（3）第三境界：快乐运动无极限

因为养成了规律的运动习惯，这几年笔者感觉自己不仅没有衰老，反而变得年轻了，而且越来越喜欢运动健身了。健身习惯的养成必须建立在快乐的基础上，没有快乐的运动是枯燥乏味的，没有快乐的运动是损伤身体的。有些练习者强迫自己每天跑步 10 km，强迫自己每天走路 10 000 步，每天做 100 个俯卧撑，等等。这些都是不太可能坚持下去的目标，这样的练习者最终都会一个个败下阵来。因为这违反了运动的客观规律。中高强度运动不能每天进行。只有进行规律间隔、适量并循序渐进的运动，才能坚持数年，乃至数十年。

在知天命的年龄，一定要善待自己、善待他人！

4. 合理膳食，免疫基石

每年5月的第3周是全民营养周。2020年全民营养周主题"合理膳食，免疫基石"，如何才能合理膳食呢？

几乎每个注重养生的人都认为自己的膳食是合理的或者接近合理的。如今人们能从各种媒体上得到不同的营养与健康信息，但这些信息不一定准确，有时甚至是自相矛盾的信息。人们只有在生病以后，才会怀疑其膳食搭配的合理性。

首先，我们要了解膳食的目的是什么。很多人没有思考过这个问题。膳食是为机体生长发育、新陈代谢提供除氧气以外的各种原材料。人们常将人体需要且能够吸收的物质称为营养，诸如无机盐、水、碳水化合物及维生素、蛋白质、脂肪等，缺了哪种营养都不行。千万不要以为只有维生素、蛋白质才是营养。有学者发现，不能被肠道吸收的膳食纤维对肠道菌群起着不可或缺的作用，而肠道菌群又是人体所需的物质。

其次，我们要明白不是美味的食物才有营养，很多美味的东西并没有营养，甚至对人体是有害的，比如各种人造食品和添加剂食品等。最有营养的食物是天然的、应季的食品，且用正确烹调方法制作的食品。

再次,我们要知道所有的食物,不管是美味的还是难吃的,进到胃肠道以后,就会被消化为各种小分子物质供人体吸收,而大分子物质会被排泄掉,几乎所有的食物都是会被人体消化的。这就告诉大家,吃什么都一样,不一样的只是这些物质的营养成分含量不同。

最后,我们要了解当今社会已经是小康社会,不存在吃不饱饭的情况,除了特殊时期,如孕期或少年儿童长身体时期,这个时期的人可能会经常出现饥饿感。此外,有些人在饮食上偏食是不可取。在日常生活中,肥胖和血脂升高的情况比比皆是,这是营养过剩的结果,所以人们应当适量做一些健身运动。

只有养成健康生活方式,才能享受幸福和谐生活。

5. 男性怎么健身才能更年轻?

在现实生活中我们很难通过外貌猜到一些人的年龄。有的男子已经五六十岁了,但是看上去只有 40 多岁。为新冠肺炎疫情做出重大贡献的钟南山院士实际年龄已有 85 岁,但是看起来像 70 岁左右,这就是健身的力量。那么男士们应该如何通过健身让自己保持年轻呢?一般而言,可以通过以下几点:

(1) 坚持跑步,避免肥胖

无论对于男性还是女性肥胖都是致命的缺陷。男性肥胖会出现啤酒肚、皮肤油腻等情况,很多 20 多岁的小伙子,因为外形肥胖被当成中年大叔。通过跑步可以减脂增肌。刚开始跑步，最好以慢跑为主。对于体重基数过大的练习者来说，可以慢跑和快走交替进行，随着体重的下降再逐渐增加运动量。

（2）系统化训练，增强肌肉

在减肥的同时要注意有氧和无氧运动相结合，当体脂下降到一定程度后，随着肌肉的显现，人会看起来年轻。坚持锻炼、自律的人气质会变得更好，给人的感觉会更年轻、积极向上。同时，练习者可以进行负重运动和肌肉力量锻炼。深蹲是男性力量训练中效果较好的一个动作。长期坚持有规律的深蹲不仅可以刺激全身肌肉增长、提高基础代谢、加速脂肪燃烧，还可以保护膝关节、延缓衰老。因此，练习者必须认真对待每一次训练！

（3）合理饮食，营养均衡

饮食一定要规律，即每天在相同的时间段进餐。每餐根据个人需要做到荤素搭配得当，同时也要注意少吃油炸食品、辛辣刺激食品等。酒类、甜点、夜宵等也要适时、适量地食用。运动后 2 h 内以补充碳水化合物为主，如果以增肌修复为目的，要注意补充富含钙和蛋白质的食物，诸如奶制品、豆类、绿色蔬菜、坚果类等。运动时，练习者需要注意戒烟，尽量避免酒精和碳酸饮料的摄入，减少咖啡与浓茶的摄入。

（4）运动后保证充分睡眠与休息

生活作息要规律，现代人生活节奏太快，尤其是年轻人压力过大，上有老下有小，不能按时休息。不管怎样年轻人要想保持健康的身体，就要坚持做到不熬夜，最好在晚上 11 点之前睡觉。

(5) 保持良好心态

我们都知道心态好的人、不爱操心的人更容易长命百岁。若想保持年轻，一定要保持良好的心态，即心胸开阔、思想开明、善于变通、善于化解难题等。俗话说，笑一笑，十年少。一个保持良好心态的人会比同龄人显得更温和、年轻。此外，也要辅以户外运动与活动，增加沐浴阳光的时间。

(6) 运动适量，循序渐进

锻炼需科学、合理地安排训练频率、动作、负荷等，切勿盲目攀比。

6. 垂直马拉松

您听说过垂直马拉松吗？

简单地说，就是连续爬楼梯训练。

据《英国运动医学杂志》等权威医学周刊的研究表明：每周进行5天的短时间爬楼训练，就会有意想不到的好处。

(1) 提高最大摄氧量

最大摄氧量是衡量心血管功能最显著的指标之一，代表人体进行最大强度的运动，所能摄入的氧气含量。根据能量方式的不同，运动能力可以划分为有氧运动和无氧运动，而最大摄氧量是评价有氧能力最常用和最有效的方法之一。

跑楼梯能够优化人体的心血管系统，还能提高肺活量。这样运动时，每次呼吸就能摄入更多的氧气。

(2) 降低静态心率

通过跑楼梯健身，除了改善人体的心血管系统功能以外，还可以降低人体的静态心率。在静止状态下，身体健康的人的心率一般为50~60次/min。通过锻炼，人的心脏每次跳动就能促进更多的血液参与循环。

（3）降低心脏病发病率

练习者在进行高强度间歇锻炼时，如果间歇休息时间设置合理，可以达到提高心脏恢复正常速度的效果。

这项指标衡量的是心率在运动停止后第一分钟下降的幅度。人的身体越好，运动之后心率恢复正常状态的耗时越短，心脏病发病率也会越低。

如果练习者参加比赛的话，还是需要训练和技巧的，同时也需要特别注意：已经有心血管疾病的人群要高度警惕，不可草率参赛；已经有膝关节疾病的人群，特别是超重肥胖人群，也必须谨慎小心！

7. 劳动、活动、运动，让生活更美好！

常有患者问：经常工作累得腰酸背疼，还要参加体育锻炼吗？每天晚饭后散步一个小时，算是运动吗？

这是临床门诊时经常听到的来自病人的疑惑。所以笔者在此讲一讲劳动、活动和运动的关系。

许多人在上学期间由于课程压力不是太大，就会经常去参加体育锻炼。后来参加工作，每天都比较忙碌。有些职场人士回到家后就感到全身酸痛、四肢无力，只想坐在沙发上或躺在床上歇一歇，把体育锻炼的计划抛到九霄云外去了。

工作算不算运动？这个问题的核心是没有很好地把劳动

和运动区分开来。

运动、劳动、活动都是"动",都是为了更好地生活,都是身体在消耗热量,都需要脑力和体力相结合,都会因为过度而引起问题,也都有广义和狭义之分。

(1) 劳动

劳动通常是指能够对外输出劳动量或劳动价值的人类运动。劳动是人维持自我生存和自我发展的唯一手段。所以也有人调侃道:"劳动是赚钱养家,运动是花钱消费。"

劳动可分为体力劳动和脑力劳动两大类。体力劳动是劳动者以运动系统为主要运动器官的劳动。脑力劳动解放了体力,原以为会让劳动者更健康。实际上却带来了新的社会健康问题。那就是静坐少动所引起的肌肉骨骼系统问题、慢病多发且控制不佳的问题及青少年视力下降和精神性疾病等问题。

相比较而言,体力劳动对身体起到了一定的锻炼效果。

(2) 活动

有人按照活动两个汉字的字面意思联想说:人活着就要动。尽管表述不严谨,但还是有一定道理的。因为人即使在睡眠状态中,内脏器官依然有生命活动。

对个体生存而言,生命活动最重要。其实日常活动就是生命活动,也是医疗康复的基本要求,其中包括为活着做的各种动作和行为的总和,诸如吃、穿、行、睡、视、听、说、思等。所以日常活动是保障人的生活品质的基础活动。试想一个人如果连如厕、下床、翻身都做不到,如何保证有质量的生活?

对集体和社会而言,活动有一定目的性,一般情况下都会有一个主题,希望通过统一行为,甚至统一动作、统一服装等达到统一思想、统一行动的目标。奥林匹克运动会就是在奥林匹克精神的指导下,以体育运动和四年一度的奥林匹克庆典为主要活动内容,以促进人的生理、心理和社会道德的全面发展,沟通与提升各国人民之间的相互了解,在全世界普及奥林匹克精神,维护世界和平的大型国际社会活动。

  活动也是一个心理学概念。心理学认为活动和动作都是以实现预定目的为特征的。动作受单一目的制约,活动则受一种完整的目的和动机系统制约。活动是由一系列动作构成的系统。人的心理、意识是在活动中形成和发展起来的。通过活动人可以认识周围世界,形成人的个性品质;反过来,活动本身又受人的心理、意识的调节,这种调节具有不同的水平。肌肉的强度、运动的节律是在感觉和知觉水平上进行调节的,所以笔者一直强调健身要学会自我感知,并将自我感知作为新时代科学健身八大原则之一予以推荐。

  活动可以分为外部活动和内部活动。从发生的角度来看,外部活动是原始的;内部活动起源于外部活动,是外部活动内化的结果;内部活动又通过外部活动而外化。这两种活动具有共同的结构,是相辅相成的。

  有专家说,人活动的基本形式有三种:游戏、学习和劳动。这三种形式的活动在人的不同发展阶段起着不同的作用,在不同阶段,三种中只有一种起着主导作用,如在学龄前,儿童的主导活动是游戏;到了学龄期,游戏活动便逐步被学习活动所取代;到了成人期,劳动便成为人的主导活动。

(3) 运动

  这里只谈身体运动,不谈广义范畴的运动。其实与运动相关的词语还有很多,均各有侧重,诸如健身、体育、养生、锻炼、训练等。

如果把运动当作职业，作为谋生的手段，那就变成劳动了。身体被作为工具频繁地、突破极限地使用，必然会出现损伤。很多职业运动员到了晚年时期大多会出现不同程度的功能残疾。

如果把活动当作运动，比如单纯依靠晚饭后散步作为主要运动，运动量必然不够，肯定起不到保持健康活力的效果。散步、做家务之类的活动可以归类为低强度运动，其中做家务也可以归为劳动的范畴。

因此，运动、劳动、活动这三者之间既有区别，又有联系。

运动作为一种应激刺激，会促使人体释放出具有免疫调节作用的内啡肽和其他神经肽。进行适宜的、科学的体育锻炼能够有效地调节人的免疫力，预防传染性疾病、生理疾病和心理疾病的发生。

同时需要说明的是，对保持健康、抵御疾病而言，运动不是万能的，但缺乏运动是万万不能的，所以，养成健康生活的方式尤其重要。运动作为健康生活方式的重要组成部分，必须当作习惯去养成，而不是一时兴起，一曝十寒。

运动时，人体运动的兴奋性是从大脑传至肌肉，再从肌肉传至大脑的。如果肌肉活动积极，从肌肉传递到大脑的冲动就多，大脑的兴奋性水平就高，情绪也就会高涨。这也是运动调节情绪的原理。

相关研究发现：坚持慢跑一段时间以后，大脑可以分泌出一种"快乐激素"——内啡肽。这种物质可以使人保持一种很好的心理状态。由此可见，运动对人的生理和心理都起着非常重要的作用。然而，劳动并不能产生这种效果。

讨论运动、劳动、活动三者之间的区别与联系，既可以普及一些常识，又可以让健身者正确地认识运动，科学地坚持运动。

8. 倡导健康跑步，享受快乐人生

健康跑步就是以健康为目的的跑步。

每个人跑步都有自己的目的。有的人为了夺取比赛冠军，有的人为了减肥增肌，有的人为了保持身材，还有的人已经形成了跑步健身的习惯。如此不同的跑步目的，必然会出现形形色色的跑法。那么，如何跑步才能称为健康跑步呢？

运动有三个境界：第一境界是改变形体不生病，第二境界是保持健康有活力，第三境界是快乐运动无极限。其实这也是对健康不同层次的追求。

（1）第一境界：改变形体不生病

在日常生活中，不乏有一些人盲目认为只要运动了就好，就会少生病、不生病。此外，还有一些为长肉发愁的锻炼者。这个阶段的跑步者需要注意的是适量运动才能保持健康；仅通过运动而不注意保持良好的生活方式是不可能保持身材的！初级阶段还有一个常见的错误倾向就是不断追求更快、更长，而忽视了自己身体的极限，导致经常受伤。处在这个阶段的人群不知道如何调整，到处在寻找不会致伤的跑步秘籍。殊不知，不断冲击极限必然会受伤。

从形式和外表的关注转向内部对心肺的关注就表明提升到第二境界了。众所周知，跑步是比较健康的有氧运动，有氧的含义就是让身体各个细胞都能够获得充分的氧气供应，并时刻保持健康状态。每个人都在呼吸，有的人吸得多，有的人吸得少，这是肺活量的问题；有的人利用得多，有的人利用得少，这是心血管系统和组织细胞之间的问题。通过标准的有氧运动才能让上述各个环节保持健康。

（2）第二境界：保持健康有活力

活力是指人在工作学习中有精力、业余休闲有体力、面对紧急情况也从容。保持活力是健康运动的基本要求。

（3）第三境界：快乐运动无极限

无运动不快乐，使运动成为生活中必不可少的组成部分。但是说起来容易，做起来难。那么，为什么有的人能够做得到呢？除了意志力和环境影响因素以外，科学、适量、掌握运动频率都很重要！坚持运动并非是天天运动；坚持运动不是要求每次运动都必须达到 1 h 以上；坚持运动也不是要不断冲击身体极限！经常听到有些锻炼者日跑或日走 10 000 步，还有一些跑团也组织所谓百日百万步运动，其中有一个最重要的要求就是一天也不能间隔。记得 2017 年秋天，笔者也想尝试一下，进行实践且加以体会、总结，以便有更充分的理由去与锻炼者交流，并适时进行指导。笔者坚持跑步已有多年，应该有比较好的基础，虽然最后做到了每日 10 000 步，坚持 100 天，但体验之后发觉此种方式确实不科学、不健康、不快乐。

总之，没有坚持就没有健康。坚持有氧运动原则，掌握一定的跑步技巧，不要冲击身体极限，寻找各种坚持的理由，享受快乐运动过程，这些就是健康跑步的真谛！

十三、新时代科学健身八大原则

新冠肺炎疫情带给人们很多思考，也必将改变人们的很多生活习惯。

疫情期间，几乎每个人都在讨论免疫力的话题。运动提升免疫力的观点被广为接受，于是居家运动成为时尚。各种居家健身方式层出不穷。疫情缓解之后，人们开始走向户外，感受春天的芬芳，把运动作为不可或缺的一部分真正融入日常生活中去，因此健身人群呈井喷式增长。这种转变必将引发巨大的体育产业及其相关服务产业革命。人们对运动健身服务的需求，特别是对科学健身指导和医疗保障方面的需求将越来越大。运动损伤的防治、运动方式的指导、科学健身理念的培养、科学健身知识的传播等解决方案都迫在眉睫。

大量研究证实：科学运动有益于健康，不仅可以促进生长发育、延缓衰老、预防焦虑抑郁，还可以提高免疫力、防治传染病。国家卫生健康委员会公布了一系列新冠病毒肺炎预防指南，其中也推荐了科学适量的运动方案。

那么，如何掌握适量运动的"量"呢？有一种错误观念是，健身锻炼大家都会，就像生来会吃饭一样，不用学习，不需要专业人员辅导，人也可以自由锻炼。可是，人吃饱饭不成问题，但能否吃出健康就不一定了。要通过运动达到健身的目的，需要遵循一定的科学规律和规则。如果随意而为之会出现很多问题，轻则事倍功半，重则损伤致残。例如，跳绳摔倒致足踝骨折、跑步机上摔下导致脑出血、每天坚持高强度运动反而免疫力下降造成感染等，不胜枚举。还有一些人不了解运动规律、畏惧运动损伤、整日静坐不动、抗拒运动锻炼，这也是不可取的。

适量运动就是在运动规则的指导下，对运动量、运动时间、运动频率、运动强度、运动技巧等进行控制，养成科学运动习惯。考虑到疫情期间居家健身与户外运动有很多不同，特别是场地局限、缺少阳光、空气流通差、缺少器械、枯燥乏味等因素，都会影响运动习惯的保持。科学健身是一项系统工程，需要在全社会倡导科学健身的理念下，大力普及全民健身的科学知识，通过多种方式，把科学健身的知识送到百姓身边。

苏州市立医院运动医学中心在 2018 年就率先在国内开展了科学健身指导门诊，将体医融合的理念推广到医院门诊，给需求者开具运动医学处方，并持续跟踪指导。此外，笔者也总结了"新时代科学健身八大原则"并积极推广，以期对大众有更好的帮助，让大众从运动中真正获益。

新时代科学健身八大原则是：总量控制、感知身体、循序渐进、全面发展、修复疲劳、快乐运动、持之以恒、道法自然。

1. 总量控制

运动总量是由运动频率、运动强度、持续时间、运动方式等共同决定的。只有运动总量适度，才能保持脑力和体力协调，预防和消除疲劳，保持和提高免疫力。运动总量适度以在运动后感觉舒服有活力、学习工作精力充沛、应激反应积极适当、精神饱满、无疲劳感为标准。

(1) 适量有益、不足无助、过量有损

运动过量容易造成内源氧缺乏，免疫力下降，不但达不到健身的目的，反而会损伤身体。一般而言，剧烈运动后的免疫力降低状态会持续 1 h 左右，需要经过 24 h 以后才能恢复到原来的水平。机体免疫力降低的同时如果遇到病菌、病毒侵袭，便容易引发感冒、肺炎、胃肠道感染性疾病。如果运动后整日疲惫、劳累、腰酸腿疼、不想做事，甚至出现上火、咽喉肿疼、浑身无力、精力不集中、吃不香、睡不好等现象，就表明运动过量了；反之，运动不足、长期静坐少动会导致心血管疾病死亡率升高、慢性代谢性疾病恶化、伤风感冒，以及抑郁症的发生。有些人即使已达到推荐的运动量，但在其余时间仍处于静坐少动状态，这也不利于健康。

(2) 对周总量、日总量的推荐

推荐以周为单位计算运动量，特别是跑量。大多数成年人每周进行 3~5 次的有氧运动，频率应随运动强度而改变。比如每天 30~50 min 的中等至较高强度的运动，或达到一周 150 min 的中高强度的有氧运动。不推荐每周 1~2 次的大运动量锻炼。同时推荐每天尽量减少静坐少动时间，保持 4 000~6 000 步的碎片化基础活动量，作为每日活动总量的一部分。实践表明坚持运动 3 个月以上，人体机能才会有较为明显的提高。

(3) 评估运动量方法的推荐

精确评估运动量是比较难做到的，推荐以下几种方法供参考。

① 以运动心率作为标准

运动心率,即人体在运动时保持的心率状态。如果在运动后感觉不适、疲倦或运动后 15 min 心率仍未恢复到静止时的心率状态,即运动量偏大,应及时予以调整。心率可以通过运动手环进行监测,但是要注意运动手环也会出现一定的误差,需要结合自我感觉综合评估。

② 以运动的感觉进行评估

非高温天气运动时微微出汗、呼吸加快到可以讲话但不能唱歌的状态,可视为中等强度运动。次日睡醒后,如果依然感觉疲倦,说明前一天运动过量。

③ 客观间接评估

体重指数(BMI)通常是国际上常用的衡量人体胖瘦程度及是否健康的一个标准。对于亚洲成年人而言,通常情况下,BMI 指数维持在 18.5~22.9 是比较理想的。BMI 的计算方式是 BMI=体重(kg)/身高^2(m^2)。人体血压的正常值是收缩压 90~140 mmHg,舒张压 60~90 mmHg,健康的血压指数应该是适量运动的结果。

不讲总量的运动是无目的的运动。总量以周为最小计量单位。总量既包括中高强度运动,又包括日常活动;既包括有氧运动的量,又包括力量训练的量。总量是由高、中、低强度运动按照一定比例组成的。

2. 感知身体

人体的感知功能分为两种:一种是对外界的感觉,诸如视觉、听觉、触觉等；另一种是对身体内部的感知，诸如疼痛、愉悦、疲劳、发热、出汗、晨僵、头晕等。健身者应该学会倾听身体的声音，认知身体的感受。如果是舒服快乐的感受就坚持运动；反之，如果感觉疼痛不适就需要及时调整。锻炼能够促进的身心健康，但如果缺乏对自身运动能力的认识和感知，选择不合适的运动项目、运动量、强度或运动姿态，盲目坚持，不做调整，就会造成不良后果。

（1）运动前自我疾病筛查与调整

存在心血管疾病（高血压、家族史等）风险的人群应该先进行心血管疾病的危险因素评价与分级。以年龄、家族史、吸烟史、静坐少动生活方式、肥胖、高血压、血脂异常、高胆固醇及糖耐量受损作为危险因素，存在其中两个或两个以上危险因素的就是危险人群。在进行较高强度运动前应先咨询医生，并根据自己的感觉做好相应调整。

（2）运动前热身

热身听起来非常简单，好像就是让身体热起来后，再进行锻炼。那为什么要热身？什么叫热身？热身的标准是什么？也许很多人都没有认真深入地思考过。

① 为什么要热身？

剧烈运动需要全身各系统，特别是肌骨系统、神经内分泌系统和心血管系统处于最佳工作状态。这个状态指各关节处于稳定状态，动力肌和拮抗肌协调有力；指能随时激发无氧供能系统提高速度和爆发力；指机体神经内分系统处于应激状态，可随时提供精准指挥；指心血管系统进行血液再分配，心率提升能提供足够的氧气和能源物质供各肌肉消耗。

在非运动状态或一些病理状态下，身体通常处于节能和低应激状态。要过渡到运动的高应激状态，并适应高应激反应，需要一个过渡期，这个过渡期就是热身过程。热身后身体稳定性、灵活性都会明显提升，可以大大降低损伤概率。

② 什么叫热身？

现代运动医学认为热身由三部分组成，即慢跑、肌肉动态牵拉和专项热身。

慢跑是适合所有运动项目的热身，一般 10 min 的慢跑就可以达到热身的效果，然后做动态牵拉和专项热身。动态牵拉与静态牵拉相对应，是指在完成相应动作过程中把肌肉做短暂拉长（不超过 2 s），并重复多次拉伸的方法。例如，篮球运动员在比赛前会进行传球、接球、投篮、上篮等练习，这就是专项热身。同理，快速跑步前结合跑步动作进行的一些热身动作就是跑前专项热身。

热身动作注意事项如下：

第一，进行绕颈、扭腰热身、下腰转体是错误的，这三个动作很危险。特别是对有颈腰疼痛的病人来说极不适合。一般而言，越是有问题的部位越不能去大幅度活动。但在日常运动生活中，有些运动者，特别是老年人，很喜欢故意去活动该部位，比如有颈椎病的老人喜欢绕颈，这样是很危险的。即使热身以后，这么做也有风险。如果想增加颈部和腰部的力量，最好做一些力所能及的核心肌训练。下腰转体在所有热身动作中危险系数排名第一。很多人还没开始运动，在热身阶段就将腰扭伤了。因为在弯腰时，椎间盘的一侧已经被挤压，这时候再进行大幅度的旋转相当于给已经变形的椎间盘一个剪切力，极其容易导致椎间盘损伤。腰痛人群热身尤其要注意这一点。

第二，快速向前踢腿与弹震式弯腰都属于典型的弹震性拉伸，这两个动作都是热身后才能做的动作，用来热身就是本末倒置。这种拉伸需要爆发力，是使用爆发力快速往复牵拉肌肉。而且弹震性拉伸往往难以控制力度，容易导致牵拉过度而拉伤肌肉。中老年人尤其需要注意这一点。

第三，绕膝也是典型的错误热身动作。膝关节主要功能是屈伸，即向后弯腿，向前伸腿。膝关节在伸直位具有锁定功能，所以膝关节在伸直位几乎不会进行任何运动。然而，膝关节在屈膝位时具有小范围内外旋转功能，旋转幅度也非常有限。绕膝动作是屈伸和旋转的复合运动，有时用力幅度较大，容易造成膝关节半月板和韧带损伤。

总之，在做剧烈的、使用爆发力和需要耐力的运动前，需要进行热身活动。热身的作用在于提高神经中枢的兴奋性，加强心肺功能，使肌肉、肌腱、韧带处于伸展性良好的"工作状态"。热身是人体从相对安静状态过渡到剧烈运动状态、克服生理惰性、进行自我保护的有效手段。尤其是在气温较低的时候，更应该重视锻炼前的热身活动。一般的热身标准是要求感受到头、面部微微发热，身体各薄弱环节处于应激状态，拮抗肌与主动肌能够充分协调起来。

③ 热身的标准是什么？

一般要提高到安静状态体温之上的 1 ℃ ~ 2 ℃，表现为头面部微热微汗，心率处于 170 减去年龄的水平，各关节拉伸顺畅无不适，身体各薄弱环节处于应激状态，拮抗肌与主动肌能够充分协调。体温升高以后，身体内的各种酶活性明显提高，为高代谢做好准备。其实，运动提高抗病能力机理也包括体温升高对病原微生物的及时消灭。一般保持 30 min 的高体温就可以有效杀灭病毒，运动者很少感冒可能也有这个原因。

(3) 锻炼中感知

运动对人体的刺激是全方位、全过程的。运动过程中人体会感受到刺激引起的各种反应。这些反应或强或弱，或舒服或痛苦，或持续或短暂，都需要我们细细品味、认真分析。一般来说，持续的、强烈的疼痛和不适都是身体不适应或损伤的表现，需要调整以避免再次发生。短暂的、较弱的、间断性的疼痛与不适是强度改变或热身准备不充分的表现，需要边运动边调整。

动作幅度和负荷增加比速度的改变更容易引起下肢肌肉和关节的不适应，表明下肢肌肉力量需要加强。锻炼后肌肉酸痛可以从三个方面进行分析：一是正常反应。运动时无不适，次日晨起微微酸痛，活动后消失，这表明活动量合适。二是过量反应。运动后即刻就有酸痛感，但可以忍受。如果在程度不加重、营养、睡眠有保证的情况下，肌肉力量会增加；如果酸痛持续加重，肌肉会出现慢性损伤，需要及时调整。三是急性损伤。运动过程中突然发生肌肉关节疼痛，多是因为拉伤或扭伤，需要马上停下来，观察 3 日。如果能缓解则为小伤，一周后可循序渐进地进行力量训练；如果没有缓解则必须就医。其实任何一项运动都对肌肉力量有锻炼效果，想提高运动水平的时候常常会发现已处于瓶颈时期，这往往是肌肉力量不足造成的。如果学会感知力量，及时且有针对性地对不足的肌肉群进行强化训练，就能够不断提高运动能力和运动成绩。

运动中对呼吸的感知和调整尤为重要。正确的呼吸是运动健身的重要组成部分。在胸式呼吸状态下，跑步距离不要超过 3 km。如果不是自然腹式呼吸者，必须不断提醒自己把呼吸方式调整过来。关键是动作和呼吸要协调，根据动作的频率、方向、幅度及用力的大小进行控制，既要自然又要有意识地进行调整，比如开始慢跑时两步一吸，跑步加速后三步一吸或用力时吸气等。建议加强腹式呼吸锻炼，可以从收腹呼气开始。这是一个艰难的过程，不过一旦适应了腹式呼吸，肺活量就会明显增加，运动能力也会明显提高。

此外，跑步时感知脚下的声音很重要。轻盈的步伐表示速度、力量、跑姿都是合适的；反之，如果出现落脚很重、声音很响的情况，就会对膝、踝关节造成过大的冲击力，此时如果再一味地坚持就会造成损伤。

（4）锻炼结束后的感知

运动后一定要做好放松整理活动，感知疲劳程度、保障营养支持和睡眠休息。

切忌在疲劳到极点时坚持或者再次参加运动，此时运动对人体有害无益。对这次运动做好检讨总结，具体问题具体分析，如增加的运动量是否合适？做好下次运动的计划，同时对各种运动指导进行研究，在运动实践中总结、提升经验。

附：泵感和迟发性肌肉酸痛

泵感和迟发性肌肉酸痛都是大多数健身爱好者追求的感觉。泵感是对目标肌肉进行一定强度的抗阻力训练后，导致大量的血液涌向目标肌肉而产生膨胀的感觉。有研究者认为，当我们运动的时候，身体的血流会加快，但不会带来泵感，肌肉的泵感实际上是肌肉细胞渗透压变化导致的。我们都知道人体有一种渗透压平衡的机制，就是细胞内的液体浓度和细胞外的液体浓度要相等，而当运动者在锻炼的时候，肌肉细胞内的液体浓度因为运动产生了很多代谢物而变高了。这时为了达到身体渗透压平衡，细胞外液就会进入到细胞内部，即所谓的充血，其实充的就是细胞外液。如果没有充血到一定的体积是不会出现泵感的，所以有无泵感也是衡量健美训练是否有效的一个标志。

如果训练时肌肉没有泵感，训练后肌肉却很酸痛，可能有以下几个原因：一是训练当天体能、精力都不是很好。二是训练间隔时间过长。三是训练时强度过小。四是训练时注意力不集中，不够专注。五是训练时间过长。

延迟性肌肉酸痛经常在训练过程中出现。这是从事大运动量，特别是开始一项新的运动方式、改变运动项目或增加运动强度后一段时间内出现的肌肉酸痛现象，也是一种特殊类型的运动性肌肉疲劳。几乎所有健身者都在追求这种感觉，但千万不能过量，如果过量一般就无法恢复了。关于延迟性肌肉酸痛生理病理机制，目前有学者认为不是由乳酸堆积引起的，而是与肌纤维微损伤有关。

两种感觉都会在力量训练和增肌训练中出现，它们似乎相同，但还是有很多不同之处。

二者都应用抗阻训练的方法，通过逐渐增加重量达到目的。力量训练是要练出更多有弹性的肌纤维；增肌训练是要练出更大体积的肌肉，可以有更多的脂肪成分。

如果训练目的不同，具体的训练方法就会不同，训练过程中的感受也不一样。

初始训练者的肌肉不管是力量还是体积都是不足的，努力坚持就行，不需要分得很清楚，也不需要追求什么泵感。等肌肉力量明显增加，体积也会逐渐变大。

3. 循序渐进

循序渐进是指根据自身对运动的适应程度，科学地、逐步地增加运动时间、运动强度和运动负荷，使身体机能和运动能力不断提高，以获得最佳体育健身活动效果。也就是说，在每一次健身过程中都要对运动时间、运动强度和运动负荷做量的把握，不能随意更改，质量一定比数量更重要。

首先，在时间上循序渐进。对于没有运动习惯的人来说，建议从低强度的有氧运动开始，先保守一些，在刚开始的一个月内做中低强度的运动，然后保持强度，增加运动时间。

其次，在速度上循序渐进。坚持运动 50 min 后再提高速度。在提高速度的过程中增加力量训练，特别是要针对薄弱环节进行强化。一般情况下建议训练一周或者 3~5 次以后增加一次，增加的运动幅度为原来的 10% 左右。如果增加运动幅度后不适应，可以再减下来。通常持续增加三周后给予一周的恢复时间。

以跑步为例，新手可以先从健步开始。健步过程中抬头、挺胸、收腹，通过增加步频而非加大步幅提高速度，每周 2~3 次，每次 30 min，心率维持在 170 减去年龄的水平上。健身者如果依靠增大步幅提高速度是极其容易受伤的，主要表现为膝前痛和前足痛。如果感觉逐渐轻松，可在第三周训练过程中加入 30~60 s 的间歇跑，重复 4~5 次。待机体适应后，可正式开始跑步。

居家锻炼也是一样，比如第九套广播体操对久坐青少年人群，八段锦对中老年人群，都有较好的锻炼效果，每天上午和下午各做一遍，逐渐规范动作，适应后可以多做几遍。

笔者不推荐没有运动基础的老年人学习太极拳，因为该拳术对膝关节稳定性要求较高，要从站桩开始练起。

在体育锻炼过程中，运动负荷（体育锻炼时身体的生理负荷量）直接影响人体机能的变化，进而对锻炼效果产生影响。如果负荷过小，就无法促进机体变化，达不到锻炼身体的目的；如果负荷过大，诸如提高速度、加大频率、增加重量、加大动作难度等，超出了机体所能承受的范围，就会引起睡眠不佳、食欲不振、长期疲劳等不良反应。

科学的做法是先以一定的运动负荷量作用于身体，经过一定的次数和时间后，使身体逐步适应，然后依据人体对运动的适应性变化，有计划地逐步增大运动负荷，使身体在新水平上慢慢适应，最终达到增强体质的目标。运动负荷的大小因人因时而异。同一个人在不同的机能状态下，对负荷的承受能力也不尽相同。

一般而言，每次体育锻炼以后感到稍累，但没有各种不良反应时，通过休息恢复较快，这样的运动负荷基本上是合适的。循序渐进也不是无限度的增加。笔者反对一直以挑战身体极限获得成就感的运动方式，推荐保持一定运动量，以能够坚持数月数年为目标的运动方式。

4. 全面发展

全面发展原则强调健身的系统性和全面性。运动者通过系统全面的健身锻炼，可以让身心获得益处。

全面发展主要指力量与耐力相结合，核心肌群的协调对称，以及运动种类的全面性、运动过程的完整性，还包括对精神、意志、心理的调整，也强调实用性与趣味性相结合。

（1）锻炼的类型要全面

在锻炼过程中，运动者不但要进行有氧运动，而且要进行力量锻炼，同时还要配合柔韧性锻炼。在科学健身中，应保证机体各项机能素质的全面提高，既要提高心肺功能和免疫能力，又要提高肌肉力量、柔韧性等身体素质。因此，选择全身主要肌群参与的体育健身活动项目更有利于取得全面发展的效果。不同的项目锻炼所引起的人体的生理变化和机能适应各不相同。例如，长跑侧重于肺活量和耐力的提高，吊环则能快速增强手、臂的力量。如果只是凭借兴趣，喜欢什么项目就单练什么项目，则可能造成身体发展的不均衡和不协调。

（2）锻炼的项目要多样

笔者建议每一名锻炼者日常至少坚持2~3项不同性质的体育活动，注重机体各部位、各器官系统的全面参与，使全身各部位都得到锻炼，使肌耐力、肌肉力量、柔韧性协调发展。肌耐力就是保证肌肉能够有效地收缩、舒张的持久力。肌肉力量就是肌肉在一次收缩过程中所能克服的最大外力。柔韧性是指人体一个关节或者是一系列关节所能产生的动作幅度。这三项能力通过适量训练应当能全面达标。我们日常参与一些全身性运动，诸如跑步、游泳等运动基本能够达到这一目的，但对力量和协调等能力的训练不足。在力量的训练过程中，除了注重各肌群的全面参与，还应注意肌肉的左右对称和不同部位的平衡协调。如果出现左右腿不一样粗、伸屈肌肉力量相差太大等，都容易导致伤病发生。运动者可以在跑、跳、投、攀爬、悬垂、支撑，以及球类、搏击类、户外运动、游戏等丰富的运动项目中，选择自己喜欢的几个项目进行全面的锻炼，促进身体各组织器官的整体发展，使身体素质和运动能力得到综合提高。

（3）健身环节要完整

一项完整的运动包括准备活动、正式活动和运动后的放松拉伸。在健身方案中，前期的准备与后期的拉伸整理不容忽视，准备活动不充分是导致运动损伤的重要原因，运动后的放松拉伸则可以有效缓解肌肉酸痛等不良反应。如果缺少准备活动和运动后的放松拉伸则有可能造成不必要的损伤，甚至酿成悲剧。近年，随着马拉松赛事热度的不断上升，马拉松选手猝死的事件也屡见不鲜。居家锻炼受伤就医的人也不在少数。原本快乐的事情，最终落得不幸的结局，着实令人惋惜。因此，在日常健身中，安全性原则必须排在首位。

（4）全身肌肉平衡

只有动力肌和拮抗肌平衡、核心肌之间平衡、两侧肢体肌平衡、上肢和下肢协调，才是一个理想的状态。练肌肉贵在平衡，而不是形状！

附：大腿前侧的肌肉过于发达怎么办？

大腿前侧的肌肉过于发达，一般是由于股四头肌（尤其是股直肌）过于发达或紧张僵硬造成的。本来前侧的肌肉就比后侧的肌肉发达，如果肌肉过于发达就会出现不平衡。每天，运动者可以通过拉伸和按摩拍打的方法放松股四头肌，通过锻炼腘绳肌来协调大腿整体的美感，通过站桩来调整肌肉之间的比例。

① 拉伸股四头肌

通过拉伸可以将长期紧张而僵硬的股四头肌放松下来，使肌肉慢慢地恢复弹性，筋膜重新排列并纵向拉长。拉伸可采用站立拉伸和俯卧拉伸两种方式。站立拉伸的时候，站在辅助物的一侧，左手抓住辅助物，右手抓住右脚踝，向身体的后上方抬起，当大腿前侧感到有拉伸感的时候，在此位置停留10 s左右进行静态拉伸，然后腿发力与手形成对抗5 s左右，接着腿放松，手继续向后上方拉10 s左右，这样循环做2~3次再换另一侧腿继续这样拉伸。俯卧拉伸的道理也是一样。俯卧在垫子上，双手抓住双脚向后上方提拉，当大腿前侧有拉伸感的时候，坚持10 s的静态拉伸，然后对抗5 s，再进行10 s静态拉伸，循环拉伸2~3次。

② 锻炼腘绳肌

拉伸股四头肌和锻炼腘绳肌是一对组合练习，要一起练习，即拉伸完股四头肌就得开始锻炼腘绳肌了。如果腘绳肌发达了，股四头肌自然就显得不那么发达了。

腘绳肌的锻炼一般是用杠铃硬拉来进行锻炼的。练习的时候双脚打开、与肩同宽，膝盖朝向脚尖的方向，双腿直立不超伸、不锁死，双手握住杠铃，上身挺直，以髋关节为轴，挺直腰杆向前倾，杠铃贴着大腿前侧向下移动。当上身前倾45°的时候，停留1 s，然后腘绳肌和臀大肌发力，将杠铃拉起来，上身挺直。每次做15个左右，根据自己的体力做3~5组。腘绳肌强健有力之后，对股四头肌的拉伸放松有促进作用。

③ 站桩也是调整肌肉平衡的有效手段

人的身体有600多块肌肉，肌肉分布天生就有一定的比例。随着我们年龄的增长，由于工作、生活等原因，使得肌肉分布的比例平衡被打破，出现有些肌肉体积增大，有些肌肉体积相对减少的现象。尤其是一些健身者为了增肌，反而加剧了比例的失调。站桩通过功能位姿势强化，使全身的肌肉比例状态恢复平衡，肌肉柔软松活，弹性十足，富有耐力，进而使人身心合一。

5. 修复疲劳

在探讨缓解疲劳前，应该先弄明白刚开始跑步时是要天天跑步，还是隔天跑步？

不管是"跑步小白"，还是"健跑大神"，都不建议天天跑。对于"跑步小白"来说，刚开始跑步时最重要的是培养跑步的习惯，学习跑步知识，从不运动到开始跑步。最初，许多人觉得自己具有不错的跑步能力。为了证明自己能跑步，于是每天坚持跑步并持续增加跑量、跑距，延长时间，但是可能持续不了多久，就会突然感觉某个部位受到损伤，然后进入恢复期，甚至有人得出"跑步伤膝盖"的结论，随后放弃跑步。"跑步小白"需要控制自己的欲望，要让精神等待尚未变强的肉体，方能远离伤痛，跑得健康，跑得长久，跑得开心。

当然，天天跑步也能带来一定益处，其中最大的好处就是每天都在感受坚持运动所带来的心理上的满足感，但仅此而已，因为天天跑步并不一定能带来体能上的突飞猛进。任何运动，包括跑步，都会对机体组织造成一定程度的破坏。在运动之后，机体组织慢慢修复，然后变强。运动本身不会让锻炼者变强，只会让锻炼者变弱，例如，很多人在运动初期容易感冒也是由于此时的抵抗力下降所致。

越是专业选手，越懂得恢复之道。马拉松专业选手也不是天天跑步的,他们每个星期会留有一天不做任何训练,这样可以给身体一个彻底放松的机会。另外,马拉松专业选手背后都配有强大的运动康复后援团作为支援,以保证他们能够得到科学的调理,恢复体能。

1982年,第五届国际运动生物化学会议指出,运动性疲劳是指机体正常生理功能不能持续在一个特定的水平或不能维持预定的运动强度。运动是动物的特征,是系统协调的耗能过程。能量消耗到一定程度,即机体的正常生理功能不能持续或者不能维持在合理水平,机体就会出现疲劳的感觉,诸如出现肌肉酸痛、心跳加快、周身乏力、烦躁不安等症状。

运动疲劳可以分为以下三个层次。

(1) 第一层次是良性疲劳

良性疲劳是运动本身引起的机体工作能力暂时降低的生理现象,经过适当休息和调整可以恢复,也是身体外周肌骨、内脏及神经内分泌等器官的综合反应过程,经过一段时间休息,运动能力又会恢复。良性疲劳对人体是一种保护性机制和促进机制。机体会感知不协调器官的疲劳,此时我们应调整运动强度进行保护,并做进一步有针对性的修复。不断运动、不断疲劳、不断修复,这也是运动给人们带来益处的原因。

良性疲劳是一种生理现象,如果运动后采取以下措施就能及时消除疲劳,使体力很快得到恢复,使消耗的能量物质得到及时的补充,甚至达到超量恢复,进而有助于运动水平的不断提高。

① 整理活动

剧烈运动后进行整理活动,可使保持在较高兴奋水平的心血管系统、呼吸系统逐渐稳定下来;整理活动使肌肉拉伸、放松，可避免由于局部循环障碍而影响整个代谢过程。整理活动应包括慢跑、呼吸体操及各肌群的伸展练习。运动后做伸展练习可消除肌肉痉挛，改善肌肉血液循环，减轻肌肉酸痛和僵硬程度，消除局部疲劳，对预防运动损伤的发生也有良好作用。

② 良好充足的睡眠

睡眠是消除疲劳、恢复体力的主要方式。睡眠时，大脑皮层的兴奋程度降低，体内分解代谢处于最低水平，而合成代谢过程则相对较高，有利于体内能量的蓄积和组织修复。成年人每晚至少连续睡 6 h，最好有 8~9 h 的良好睡眠，确保每周休息（不进行中高强度的运动）1~2 天。因为每天运动训练带来的重复性压力或感觉不到的损伤累积会超过身体的愈合速度。青少年大量运动后必须保证 10 h 的睡眠。就寝前，使用热水洗脚，有助于使人尽快入睡，让大脑得到更好的休息。

③ 充足的营养

运动时产生疲劳的原因之一就是能量供应不足。运动时各种营养物质消耗增加，运动后及时补充，有助于消除疲劳和恢复体力。在补充营养时，应注意均衡补充能量、蛋白质、维生素和矿物质。有人认为，不同性质的运动项目，诸如速度性、耐力性、力量性等项目，分别需要不同的营养。也有人认为，补充营养要把握正确时机，适时地补充相关营养物质，既能提高身体的抗疲劳能力，又能消除疲劳。这些均需要做进一步研究。

④ 其他手段

目前，市场上还有其他用来消除疲劳的手段，诸如各种理疗、心理干预、服用中药等。

(2) 第二层次是慢性疲劳

疲劳损伤程度超过机体的修复机能时就会出现慢性疲劳。超负荷、高强度是提高运动成绩和体适能的两大法宝，同时也是运动伤害的主要诱因。

不同个体、不同器官对疲劳的耐受性不同，肌肉、神经、内脏不协调的耐受性会使较弱的器官遭受更严重的疲劳损伤，并转变为慢性损伤。比如心肺耐力较好的跑步者在肌肉关节疼痛的情况下，坚持不正确的跑姿或跑量，会导致肌肉慢性劳损。如果经常处于疲劳状态，前一次运动产生的疲劳还有没来得及消除，而新的疲劳又产生了，疲劳就可能积累，久而久之，就会产生慢性疲劳。疲劳过度会影响运动员的身体健康和运动能力。如果出现肌肉疼痛、恶心呕吐、头晕头疼、口渴、感到精神压力等症状，就说明疲劳过度了，应该及时提高警惕，给予正确的恢复手段或医学治疗。

对于慢性疲劳，先要认识到疲劳的危害性，有针对性地进行调整，给予个性化的运动医学处方或医疗干预，诸如温水浴、针灸、拔罐、纯氧疗法等。实践证明，认识到运动健身的科学性、恢复手段的有效性。对消除慢性疲劳、恢复体力是十分重要的。运动到力竭是相当危险的，出现力竭的情况后，有时即使进行医学干预也不一定能够减少损害或挽救生命。

① 温水浴

沐浴是消除肌肉疲劳的一种简单的方法。它可以刺激血管扩张、促进血液循环和新陈代谢、加速代谢产物的排出、改善神经肌肉的营养。水温以 42 ℃ 左右为宜，时间为 10~15 min，每天 1~2 次。

训练结束后，30 min 内可进行温水浴。进行冷热水浴时，热水温度为 40 ℃，冷水温度为 15 ℃，冷水浴时间为 1 min，热水浴时间为 3 min，共交替 3 次。

当然，对于水的温度，每个人的适应能力不同，入浴时间过长、次数过频、水的温度过高，都会消耗人体能量，造成疲劳。因此，人们要根据自己的具体情况进行适当调整。

② 针灸和拔罐法

针灸是针法和灸法的合称。治疗疲劳的针法可以是局部取阿是穴，也可以是循经取强壮穴。治疗疲劳的灸法多用艾灸，一般取用于补虚的穴位。拔罐法是以杯罐作为工具，吸附于身体一定的部位，使之产生瘀血现象的一种物理疗法。

拔罐法

③ 纯氧疗法

激烈紧张的肌肉活动是以氧化不完全为特点的。大强度负荷运动后，给氧是必要的，也是必需的。常用的有高压氧、常压氧、氧舱、小氧瓶等。

(3) 第三层次是力竭疲劳

力竭是疲劳的一种特殊形式，也是颇为严重的一种疲劳。力竭是指在感觉疲劳时继续运动，直到肌肉和器官不能维持运动的状态。例如，意志力特别坚强的跑步者持续忍受肌肉酸痛，导致肌肉进一步损害，轻则出现单纯肌肉损伤，重则出现肌红蛋白分解，肾功能损害。如果跑步者持续忍受高心率、高呼吸的状态，就会出现心肺功能衰竭、猝死。

运动后，跑步者出现疲劳现象是很常见的。那么，如何缓解疲劳呢？

笔者门诊有一位跑手就没有注意到这个问题，拖延数月才来就诊。他33岁，喜欢超长跑步。一次跑了大约120 km后，由于工作忙，经常熬夜，睡眠质量不高，早上起来后经常感觉心慌。刚开始，他没当一回事，后来总不见好才来就诊。另一位跑步者基本上是一周跑5天，自述以前连续跑10 km相当容易，现在跑7 km都觉得吃力，不知道是怎么一回事？最近两三个月感觉气力越来越弱，疲劳得不到缓解，早起时有疲惫感，有时候还会心慌，甚至全身不适。

检查诊断后，笔者为他们分别提供了一套个性化的恢复方案。一个月后，他们逐渐恢复过来。他们也开始认识到自己的身体问题是疲劳所致。不过，此时不能把运动全部停下来，而应该合理调整，依然保持一定的运动量，必要时需求助医生。

不同的疲劳状态应对的手段也是不同的。轻度疲劳者身体会有轻度劳累反应，通常可多休息，摄取少量甜食有助于缓解疲劳；中度疲劳者身体会有沉甸甸的感觉，这时可增加深呼吸，做一些体操，让身体获得伸展，适当增加休息时间会逐渐恢复体能；重度疲劳者会有全身精疲力尽的感觉，有较明显的肢体行动缓慢，此时需加强休息，增加饮食、饮水，通常一段时间后疲劳会有所缓解。

如何促进深度睡眠?

睡觉前可以做舒缓的运动,如瑜伽,不仅能够让身体和大脑得到一定的放松,还可以减少大脑受到的刺激,适量运动能够让身体产生轻微的疲倦感,有助于增加睡眠深度。

睡觉前可以喝一杯热牛奶或者睡觉前用热水泡脚,能够让身心放松,有效地促进深度睡眠。

爱运动,请关注静息心率!

静息心率是指在起床前静息状态下的心率,一般情况下会保持相对稳定。我们可以通过所测量出的静息心率来判断身体是否从先前的训练中得到了很好恢复,是否需要延长恢复时间或进行针对性营养补充,从而避免运动过度。

如果进行大运动量训练后经过一夜恢复,静息心率较平时增加 8~10 次/min 以上,就可认为疲劳尚未恢复,即存在疲劳积累现象。如果连续几天基础心率持续偏高,则表明运动量过大、疲劳较深,应调整运动量并注意休息。

> 大量研究表明：正常的静息心率范围应该是 50~90 次/min (bpm)。虽然美国心脏病学会将正常的静息心率定为 60~100 bpm，但绝大多数心脏病专家不认可这一设定，认为 60~100 bpm 的静息心率过高，50~90 bpm 的范围更为合适。
>
> 过高或过低的静息心率可能预示着某些潜在的健康问题。如果发现静息心率超过 100 bpm 或低于 60 bpm 时，请立即咨询医师，尤其是当身体还伴有其他症状，诸如昏厥、眩晕或呼吸急促时，更需及时就医。运动水平较好的健身者或运动员静息心率会低一些，50 bpm 左右也很常见。最重要的是，运动者一定要知道自己的基础水平，观察变化，特别是当增加的幅度超过 10 bpm 时，就需要格外留意。

6. 快乐运动

春花开尽见深红，夏叶始繁明浅绿。

楼下院子里栽满了石榴树，笔者晨起锻炼、午间小憩、晚饭后消食，都与这些绿植为伴。初夏晴朗炎热，夜间忽雨，晨起点点红艳映入眼帘，甚是喜爱！

石榴花总是在每年 5 月来到人间，不与春花争艳，却留硕果满枝。

跑步回来，笔者在有石榴树的院子里放松休息，既可感受自然的美好,又可感受运动的快乐。

　　体育运动既可以单人进行,又可以在团队中进行;既可以用于休闲娱乐,又可以用于竞技比赛。运动以身体为工具,在阳光、空气、山水、树木、鸟语花香的自然环境中,可以达到增强体能、促进健康、丰富娱乐生活的目的,是亲近大自然、达到天人合一境界的有效途径。

亲近自然

　　运动对于促进身体的正常发育和发展、提高心理健康水平、增强社会适应能力、培养全面发展的人才具有重要的作用。运动有这么多好处,同时也会给人们带来挑战。

　　运动的过程有时候是痛苦的、艰辛的、难以坚持的,所以才倡导快乐运动。心理的快乐可以克服身体的痛苦,人们对运动的热爱可以让运动行为成为习惯,并持之以恒。心理学认为运动之后,一些负面情绪可以得到明显改善。

　　运动比赛的竞技性也可看作娱乐性,既娱乐了自己,又娱乐了别人。有些人经常带着情绪,带着压力,甚至带着功利的目的从事或参与运动，与"更快、更高、更强"的奥林匹克精神背道而驰，其健身运动效果也适得其反。运动者要认识到，将快乐寓于运动的全过程是运动的最高境界，快乐的情绪可以让体能、技巧发挥得更好，从而取得更好的成绩。

有些人为了完成一项不切实际的目标，盲目坚持，把运动当作负担，结果反而痛苦不堪、伤病缠身。例如，一些人不惧风雨、不惧疾病，每天坚持10 000步，但他们没有按照科学健身的原则去锻炼，很可能损伤身体。快乐是运动的精髓，带着微笑去运动，能给人带来自信和活力，能让人在快乐中获得成就感。

趣味性运动对儿童更加重要。在音乐的伴奏下，可以通过做广播体操、做游戏等，放松身心，找到快乐的感觉，幼儿园的小朋友玩蚂蚁搬家的游戏就很具有代表性。通过创设蚂蚁搬运粮食准备过冬的场景，激发幼儿参与活动的兴趣。在游戏的乐趣中，培养儿童克服困难的精神和团队合作的意识。家长在家里也可以开动脑筋，与孩子一起做一些类似的游戏。

7. 持之以恒

哲学家培根曾说过："习惯真是一种顽强而巨大的力量，它可以主宰人生。"心理学认为，习惯是人在一定情境下自动地去进行某些活动的特殊倾向。有些习惯是无意识多次重复的结果，还有些习惯是通过自己有意识地反复实践而形成的。疫情时期是进行科学健身、适量运动教育的极佳时期，这时期的人们对运动的重视程度很高，有利于运动习惯的养成。良好的运动习惯一旦养成，将会成为人们一生受用的宝贵财富。

运动习惯的养成先要有一个运动适应的过程。人体对体育锻炼的适应性呈现坚持锻炼则进步、发展，半途而废则退步、削弱的变化规律。在运动停止后的几周，由于热量消耗减少，脂肪开始增长，肌肉逐渐萎缩，技能也会消退。古语说得好，读不在三更五鼓，功只怕一曝十寒。所以，需要树立终身锻炼的意识，日、周、月、年持续地进行体育锻炼，并在习惯养成后科学地坚持下去。

（1）力量训练要持之以恒

力量是运动的基础，各种动作都是肌肉以不同的负荷强度、收缩速度和持续时间带动骨骼移动来完成的。

肌肉是人体的第二"心脏"，力量和肌肉不只对运动员重要，人体的任何活动都离不开肌肉的收缩力量，它维持着人体的基本生活能力。通过力量训练可以提高肌肉力量、增加肌肉体积、发展肌肉耐力、促进骨骼发育和骨健康。肌肉力量可以通过专项训练加强，如健身房的器械训练，也可以在日常活动中得到锻炼，如跑步对臀肌的锻炼、划船对背肌的锻炼。

青少年进行力量练习可以明显改善自身体质，使身体变得更加强壮；随着年龄的增长，力量练习应不断增加以保持体形和活力；进入老年阶段后进行力量练习可以提高平衡能力，防止由于跌倒导致的各种意外伤害。

（2）习惯养成与习惯的坚持

运动碎片化，无处不运动。做家务、间断站起、唱歌、上下楼梯等，都是运动。在正常心率状态下的活动有利于保持人体的健康。避免连续静坐 1 h 以上。笔者推荐至少 1 h 进行一次站立行走或起坐运动。

善于使用运动设备、健身器材、防护用品，也是保持运动习惯的必要条件。运动者对所需使用的运动设备、健身器材、防护用品必须有科学的认识。各种运动设备和器材都有其特有的使用方法。跑步机作为健身运动的常用工具，有人说它会损伤膝盖，但其实是没有掌握正确的使用方法。如果不能正确使用运动设备、器材和防护用品，将会错失很多锻炼机会。

健身和旅游一样，有人单飞，有人跟团，您觉得哪个更容易坚持下去？

有句谚语：一个人可以走得很快，但不可能走得很远，只有一群人才能走得更远。是否可以这么理解，独自前行，身边没有牵绊，没有顾虑，因此可以走得很快。但是，一个人不可能完美无缺，总会有短板和不足，在前行道路上会遇上许多挫折，甚至是跨不过去的沟壑，因此不得不选择停下来。所以说，一个人不可能走得很远。

一群人有着共同目标，他们组成一个团体，被称作"团队"。在前行路上，团队为了同一个目标，在挫败时相互激励，在成功时共同庆祝。这样，大家才会更有信心，一路向前。与人同行需要彼此磨合，放慢脚步。但是，在这条道路上，彼此各有优势，可以取长补短。如果遇到问题，大家能够相互合作，共同解决一道又一道难题。只有这样，才能走得更远。

健身运动其实最难的就是坚持！期望你能找到适合自己的团队，在团队的帮助下持之以恒！

那么，有什么方法能迫使自己坚持跑步？

其实，跑步是一种简单易行、效果明显、健康快乐的运动方式。但是，并不是每个人都喜欢跑步，也并不是每个人都能坚持不懈地跑下去。要想把跑步变成自己的终身爱好，除了研究学习跑步运动的规律以外，还要给自己设一个小"圈套"，使点小"伎俩"，这样或许能让自己坚持下去。以下就是能让人坚持运动的一些小"圈套"和小"伎俩"，与君共享。

① 把自己的跑步计划写下来并说出去

在你想开始跑步时先制订计划，并让家人或朋友知晓，请他们监督。如果你努力坚持下去，会给人一种有追求、积极向上的好印象。言而无信非君子，目标确定了，就要努力去实现。

② 定期给自己小福利

跑步鞋、运动服、运动耳机、运动装备等，可以隔一段时间买一个，既犒劳自己，又可享受运动和专业装备带来的快乐。装备准备多了，如果弃之不用就会自责，可以促使自己努力坚持。良好的装备会让运动更专业，当然你也会在运动中体验到更多的快乐！

③ 寻找志同道合的人陪跑

陪跑的人最好是与自己的体能和速度接近，且有着共同语言和共同爱好的人。有人说，最好找比你水平差的"小白"，你可以去指导他，从中获得成就感。这样做的前提是你必须了解更多的健身知识。其实找个"老手"也不错，可以向他学习，少走弯路，有利于自己不断提升跑步技巧。志同道合的两个人一同跑步可以互相监督和鼓励，也可以在跑步中互相交流成功经验，总结失败教训，享受跑步乐趣，从而爱上跑步运动。

④ 确立一个大目标和若干个小目标

跑前可以先选定一个大目标，如一年内参加一次半程马拉松或全程马拉松，半年体重减掉 5 kg，全年坚持跑 120 次，累计跑 500 km。然后，每周设定小目标。每周计划跑几次？每次跑多远？每天配速多少……设定的目标必须切合实际，循序渐进，切勿贪大，保证坚持就能够实现，一般坚持 3 个月以上，就会养成习惯，也就不会轻易半途而废了。

笔者必须强调的是，一定要先学会正确跑步！这是坚持的前提，否则一旦受伤，就会影响目标的实现。

8. 道法自然

在美丽的大自然里徜徉，呼吸着新鲜空气，不时听到阵阵鸟语，闻到芬芳的花香，看到淙淙的河水流淌，阳光洒在浸着汗水的身上，这样的运动是何等地让人心旷神怡！

人是自然的一部分。人会影响自然，但更应当顺应自然。自然即自然规律，指的是事物发展的潜在规则。月有阴晴圆缺，人有生老病死。什么年龄做什么事，不同状态干不同活。身体运动是人的自然属性，同时又是生命活动得以充分发展的必要条件。

道法自然就是尊重自然规律，需要运动的时候运动、需要恢复的时候休息。在进行大运动量训练时，你可以享受汗流浃背带来的快感；在散步郊游时，你也可以品味美丽的风景。

顺应自然具体方案如下：

(1) 不同年龄不同方案

每一个年龄段的人群都有其不同的生理特点和新陈代谢特点，适合自己年龄段的运动方式才是最好的。青少年应当以培养运动习惯、掌握运动技能为主要目的。青壮年可以保持一定的强度和频率的运动。老年人应当量力而行，保持适当的运动水平。老年人不适宜做过多静力性力量训练，如平板支撑、俯卧撑等，而适宜进行太极、健走等符合其身心特征的运动项目。为了避免骨关节损伤和高能量消耗，通常不推荐中老年人进行爆发力太强的短时间运动，如高强度间歇训练等，而建议选择低强度、较长时间的运动。

(2) 不同健康状况不同方案

对健康人群来说，科学的体育锻炼是促进和维护健康的最经济、最实用的手段之一，在日常健身中，对女性群体来说，要意识到力量训练的重要性。对健康高危人群来说，适量运动是既有效又安全的调理和校正手段。对肥胖群体来说，需要适当加大运动量，可以做一些有利于减脂和保护下肢关节的水中运动，居家期间一定要控制饮食总量和保持力量训练。对病人群体来说，要在医生和运动康复人员的指导下进行锻炼，个体化的运动处方是治疗疾病、加速康复的重要辅助手段。

(3) 不同目的不同方案

以降血糖为目的的群体，推荐以动员大肌肉群、持续有节奏的运动为主，兼顾规律与兴趣；以提高心肺耐力为目的的群体，推荐逐渐增加强度的运动，并以有氧运动为主，兼顾力量训练；以增加骨量、防治骨质疏松症为目的的群体，推荐进行有氧运动，诸如跑步、跳绳（不建议游泳）等，配合力量训练，诸如举重、哑铃等；以控制体重、管理身材为主要目的的群体，要根据自身体重增减运动量，并且要控制饮食摄入总量。需要提醒的是，对患有慢性心脑血管疾病或心肾功能不健全者来说，冬季的发病率高，血管受冷后收缩，容易造成血压上升，因此在运动时，更要注意保存体力，适当补充营养。

(4) 不同体质不同方案

不同体质人群对健身的需求是不同的，运动能力也是不同的。因此，在运动健身过程中，应当根据不同人的遗传特征、机能特点和运动习惯，制订个性化的运动健身方案。一般来说，体质是指发挥各种运动能力的身体条件。同一个人在不同状态下体质是不同的，诸如疾病状态、疲劳状态、活力状态等。同一项运动同一种强度，有人"吃不饱"，有人"吃不消"。以学校的体育课为例。在长跑训练时，体质弱的女生可以先跑600米，进而逐步延长；在做引体向上时，体能极好的男生可以适当提高要求。运动者应当从自身特点出发，安排、调整锻炼的方法、内容和运动负荷等。

瑜伽

(5) 不同自然条件不同方案

气候对运动的影响很大。参加世界各地马拉松比赛的选手都有自己应对不同气候条件的策略，诸如热身、服装、跑速等都需要调整。气候对老年人或者慢性病人群、体弱人群的影响更为明显。在温度较低的寒冷天气要注意热身，尽量避免早上运动，推荐午后到傍晚这段时间锻炼。

有研究表明：下午和傍晚人体机能处于较高水平，对运动的反应最好、吸氧量最大，这个阶段血小板量要比上午低20%左右，血液黏度低6%，心脏病发作风险更低，运动效果也更明显。湿热的天气要注意出汗不宜过多。有些人总认为出汗越多，运动效果越好，其实不然，出汗过多极有可能引起体内电解质紊乱，特别是儿童，他们的体温调节系统还没有发育完善。

后 记

笔者是从2018年9月份开始接触跑步的，当时是因为一个偶然的机会加入了苏州的一个跑步协会。刚开始跑步时，谈不上对跑步本身有多热爱，仅仅是因为自己在工作的环境中待得太久，感觉与社会脱节，所以想通过跑步认识新朋友，接触新事物。接触之后，笔者发现这群跑步者身上带有许多正能量因子，且他们来自社会的各个行业和阶层，所以一下子就喜欢上了这群人。笔者先是喜欢上了穿运动衣，如果不上班的话，可以整天穿在身上，并且不觉得不和谐；然后生活规律也有所改变，笔者每天早晨6点准时起床，除非天气不好，否则一定会去跑步。早上不跑的话，晚上也要补回来。自从爱上跑步之后，对与跑步相关的话题和知识变得特别感兴趣；精神状态也改变了，很少出现精神萎靡的状况，总是精神抖擞地出现在人前。通过坚持跑步，笔者的身体素质改变了，腿部肌肉力量也增加了，爬几层楼梯完全不会大口喘气。运动不仅充实了生活，也让生活更加美好。

近期，笔者又开始研究如何更好地开展新技术、新手术，甚至做了这么一个有哲理的梦。

梦中，笔者把做手术和旅游做了一个十分形象的类比，开展一个新手术就像到一个陌生的地方旅游一样。旅游前不做攻略的话，可能连路都找不到。找到了路，在大街上走走看看，也只能说去过这个地方；住下来，每一个景点都欣赏了，美食也品尝了，地方文化也领略了。笔者想这才算深度旅游，对目的地也算有了一定的了解。

从梦境回到现实，在开展一台新手术前要做很多学习计划。医生们先要掌握手术入路；然后要决定走着去（传统切口），还是坐车去（现代腔镜），再进一步探讨。每一个病灶就是景点，要深度游，就要熟悉它的历史（发生与演变）、它所处的地理环境（内部结构），然后记录下来，和别的景点做比较，把每次游历的不同感受做个对比，这样就可以写出一篇出彩的游记与人交流（形成一篇临床论文与同道交流）。

经常路过那是过客，经常看看只是看客，经常去各地旅游也只是游客。精心总结、认真思考才能给后人留下美丽而有哲理的游记，成为一名出色的旅行家！

真心希望每一个外科医生都能像旅行家一样，做出"深度游"的手术，写出"深度游"的论文，成为技术精湛的医学家！

真心希望每一个跑步者都能够跑出自己的心得体会，总结出来，与人共勉。

笔者也是一个希望在专业上有所成就的医生，并朝着这个目标努力实践着、思考着。

本书是笔者这两年来对运动医学的所思所想、所感所悟。如今，笔者将其汇集整理出来，以飨读者。为了保证每个章节的完整性，个别内容会有一点重复。为了给读者提供更有深度的信息，附加了不少资料，作为正文的补充。全书内容介于科普和专业之间，语言风格偏口语化，不严谨之处敬请读者海涵！

笔者深知自己在运动医学领域还是新人，耕耘不够，思考肤浅，还没有做到"深度游"，还达不到写出"高水平游记"的水平，不足和谬误之处希望各位读者指正！

我的夫人郭京红教授利用寒假时间，对本书逐字逐句进行了认真校对，特此感谢！

2021年2月19日

郝跃峰书于苏州